사례로 보는
도서관 저작권

이 도서의 국립중앙도서관 출판예정도서목록(CIP)은 서지정보유통지원시스템 홈페이지(http://seoji.nl.go.kr)와
국가자료공동목록시스템(http://www.nl.go.kr/kolisnet)에서 이용하실 수 있습니다.
(CIP제어번호: CIP2018024048)

사례로 보는
도서관 저작권

Copyright Questions and Answers for Librarians

정경희·이호신 지음

한울
아카데미

책을 펴내며

도서관과 저작권은 몇 가지 공통점이 있습니다. 먼저 이 두 가지는 모두, 문화의 향상과 발전을 위한 도구라는 점입니다. 도서관은 인류의 지적 유산을 한데 모아 전승하고, 동시대의 사회 구성원들이 이용할 수 있도록 제공하는 역할을 수행하면서 문화의 향상과 발전을 도모합니다. 저작권은 저작물을 창작한 사람의 권리를 보호하고, 다른 한편으로 저작물이 원활하게 이용될 수 있는 환경을 조성해 문화와 관련 산업이 향상되고 발전할 수 있도록 지원하기 위한 제도입니다.

문화의 향상과 발전이라는 공통의 목적이 있지만, 실현 방법은 제도에 따라 조금씩 상이합니다. 도서관은 세상 그 어느 곳보다도 많은 저작물을 보유한 공간입니다. 지식과 정보에 대한 보편적인 접근을 지향하는 도서관의 서비스는, 그래서 저작권과 갈등의 소지가 있을 수 있습니다. 이런 사정을 감안해 「저작권법」에서는 도서관에 대해 예외 규정을 두어, 법률이 정하는 조건들을 충족하는 경우에는 저작물을 자유롭게 이용할 수 있도록 도서관을 특별히 배려하고 있습니다. 도서관의 저작물 복제와 전송에 관해 예외를 규정하는 「저작권법」 제31조가 그 대표적인 예입니다. 이는 문화의 향상과 발전이라는 공동의 목적을 달성하기 위해 반드시 필요한 두 가지 제도 사이의 균형을 도모하려는 시도입니다.

도서관과 저작권은 모두 인쇄 기술의 발달에 힘입어 발전된 사회제도라는 점에서 또 다른 공통점이 있습니다. 도서관은 문자의 탄생 이래 아주 오래전부터 존재해왔지만, 오늘날과 같이 누구나 손쉽게 이용할 수 있는 서비스가 정착된 것은 근대 이후의 일이었습니다. 인쇄 기술은 도서 출판의 폭발적인 증가를 가져왔고, 지식의 생산과 보급이 이전보다 활발히 이루어질 수 있는 물적 토대를 형성했습니다. 이에 따른 시민의식의 성장은 지식과 정보에 접근할 수 있는 보편적인 권리인 도서관 철학을 마련해주었습니다. 저작물의 복제를 비롯해 다양한 이용 행태에 대한 규율과 조정을 포함하는 저작권 또한 인쇄 기술의 발전에 힘입어 탄생했습니다. 인쇄 기술이 등장하기 이전까지 저작물을 복제할 수 있는 유일한 방법은 손으로 베껴 적는 것이었습니다. 이런 방식은 꽤나 많은 시간과 노력이 필요하기 때문에 이를 별도로 규율할 필요성은 그리 크지 않았습니다. 인쇄 기술은 동일한 저작물을 대량으로 복제할 수 있는 비교적 손쉬운 방법을 제공해, 저작권이라는 새로운 사회제도를 탄생시키는 원동력이 되었습니다.

오늘날 도서관과 저작권은 모두 커다란 변화를 맞이하고 있습니다. 두 제도를 탄생시키고, 지탱하던 기술적 바탕에 해당하는 인쇄 기술이 디지털 기술로 급속도로 대체되고 있기 때문입니다. 인터넷은 도서관의 책뿐만 아니라 다양한 멀티미디어를 집어삼키면서 우리의 일상을 지배하는 아주 강력한 도구로 성장했습니다. 이제 누구나 정보를 생산하고 보급하는 데 주체가 될 수 있는 세상이 되었습니다. 도서관과 저작권은 인터넷 시대에 합당한 새 옷으로 갈아입고, 서비스와 규율을 정비해야 할 필요에 직면하고 있습니다. 디지털저작물을 장서로 확충하려는 도서관의 다양한 노력이나 「저작권법」의 잦은 개정 및 상세한 규정 등은 이와 같은 필요성을 적극적으로 반영한다고 할 수 있습니다. 그렇지만 이러한 변화의 물결은 도서관 현장에서 저작권을 적용해나가는 일을 훨씬 더 어렵게 만들고 있습니다. 특히 오늘날의 도서관 서비스는 전통적인 의미의 물리적인 공간뿐만 아니라 디지털 공간에서도 함께 이루어지고 있습니다. 오프라인과 온라인을 아우르는 도서관의 다양한 서비스와 운영 과정에서 발생하는 복잡다기한 저작권 문제에 적절히 대응하는 것은 결코 쉽지 않은 과제입니다. 이와 같은 문제에 직면해 있는 현장의 도서관 사서 선생님들을 위해 이 책을 저술했습니다.

저자들은 꽤 오랫동안 현장과 강단에서 도서관의 저작권 문제를 연구하고 강의하는 일을 해왔습니다. 책에 실린 모든 내용은 그동안 저자들이 진행했던 연구와 강의, 그리고 특히 현장에 계신 사서 선생님들과의 토의를 바탕으로 정리한 것입니다. 이 책은 2013년에 저자들이 수행한 연구 과제의 결과를 기본 골격으로 삼았습니다. 이 연구는 2014년 국립중앙도서관이 『도서관과 사서를 위한 「저작권법」 매뉴얼』이라는 책으로 발간해 도서관 현장에 배포한 바 있습니다. 그러나 그사이 「저작권법」이 개정되어 답변 자체가 달라진 경우도 있고, 몇몇 사례와 답변을 보충해야 할 필요도 있었던 까닭에 이 책을 발행하기로 다시 뜻을 모았습니다.

현장에서 발생할 수 있는 구체적인 사례를 질문하고 답하는 형식으로 구성해 「저작권법」의 구체적인 내용을 잘 모르는 경우에도 쉽게 참고할 수 있도록 했습니다. 2017년 저자들이 발간한 『도서관 사서를 위한 저작권법』(한울)이 「저작권법」을 이론적으로 소개하는 데 초점을 두었다면, 이 책은 현장에서 실제로 발생할 수 있는 구체적인 사례에 초점을 맞춘 것입니다. 두 책을 함께 참고한다면, 도서관 실무에서 저작권을 적용하는 데 훨씬 더 자신감을 가질 수 있으리라 기대합니다.

몇 번이나 되풀이해 오류가 없는지 살펴보았지만, 행여 잘못되거나 부족한 답변이 포함되어 있을지도 모릅니다. 눈 밝은 분들께서 따끔하게 지적해주시면 겸허히 반영해 고쳐나가도록 하겠습니다.

이 책의 여러 질문과 답변을 채워가는 데 크고 작은 도움을 주며 함께 해주셨던 문헌정보학과의 여러 교수님들과 학생들, 그리고 도서관 현장의 사서 선생님들께 진심으로 감사드립니다. 복잡한 초고를 가다듬어 제법 근사한 모습으로 다시 태어날 수 있도록 마법의 손길을 발휘해준 한울엠플러스(주)에도 감사의 인사를 전합니다.

아무쪼록 이 책이, 도서관과 저작권이 함께 꿈꾸며 향해가는 문화의 향상과 발전에 작은 밑거름이 될 수 있기를 바랍니다.

2018년 9월 낙산 아래 연구실에서
정경희·이호신

차   례

이용자 요구에 따른 복제

질문 **1** **음원자료를 이용자 개인기기에 저장하려 할 경우**

도서관 이용자가 도서관 내 PC에서 옛 음원자료를 개인 휴대폰이나 USB
에 저장해갈 수 있는가? 이럴 경우 사서는 어떻게 안내해야 하는가?

답   가능하다.

휴대폰이나 USB에 자료를 저장하는 것은 「저작권법」상 복제에 해당한
다. 그러나 인터넷상에서 판매하는 음원을 구매해 휴대폰이나 USB에 저
장하는 것은 「저작권법」상 문제가 없다. 만약 해당 음원을 구매가 아닌 다
른 방식으로 이용한다 하더라도 「저작권법」 제30조 '사적이용을 위한 복
제' 규정을 적용해볼 수 있다. 이 조항은 공표된 저작물을 비영리적인 목

적을 위해 개인적으로 이용하거나 이에 준하는 한정된 범위에서 이용하는 경우, 해당 저작물을 복제할 수 있도록 하고 있다.

그러나 만일 해당 음원자료가 도서관이 음원 제공 업체와 계약을 통해 서비스하는 것이 아니라 자체적으로 디지털화해놓은 음원일 경우, 이를 이용자가 USB에 복제할 수 있도록 해서는 안 된다. 이는 「저작권법」 제31조 제1항 제1호에 의해 도서관이 이용자에게 복제물을 제공할 때 디지털 형태로 제공할 수 없도록 정하고 있기 때문이다. 따라서 질문의 경우, 사서는 음원자료를 듣는 방식으로만 이용할 수 있다고 안내해야 한다.

질문 2 편집저작물에서 1편을 복제해 제공할 경우

도서관 이용자의 요청이 있을 경우 문집 같은 편집저작물에 있는 작품 1편을 복제해 이용자에게 제공할 수 있는가?

답   가능하다.

「저작권법」 제6조 제1항은 "편집저작물은 독자적인 저작물로서 보호된다"라고 규정하고 있다. 즉, 백과사전, 회화집, 사전, 문학전집, 판례집, 잡지, 전화번호부 등이 편집저작물에 속하며, 이 저작물들에 포함된 개별 소재가 저작물인가와는 무관하게 소재의 선택과 배열 및 구성에 창작성이 있으면 편집저작물로 인정을 받는다. 질문과 같은 상황에서, 문집은 개별 소재가 저작물이면서 소재의 선택과 배열 및 구성에 창작성이 있는 편집저작물에 해당한다.

「저작권법」 제31조 제1항을 보면 도서관은 해당 도서관에 보관된 도서 등을 사용해 "조사·연구를 목적으로 하는 이용자의 요구에 따라 공표된 도서등의 일부분의 복제물을 1인 1부에 한하여 제공"할 수 있다고 규정되어 있으나, 이런 경우라도 디지털 형태로 복제물을 제공할 수 없다. 앞의 질문은 「저작권법」 제31조 제1항의 요건 중 문집이라는 편집저작물에 포함되어 있는 저작물 1편이 도서 등의 '일부분'에 해당하는지를 묻는 질문이라고 할 수 있다. 「저작권법」은 일부분의 범위를 명확히 규정하고 있지 않다. 「저작권법」의 규정은 저작물을 통째로 복제하는 것을 막기 위한 것으로 보인다. 잡지나 문집에 수록된 각각의 기사나 작품은 그 자체로 독립된 저작물이면서 동시에 한 권의 잡지 또는 문집의 일부분에 해당한다. 따라서 복제하려는 작품 1편이 통상적인 수준에서의 도서 등의 일부분에 해당하는 분량이라면 복제가 가능하다. 따라서 질문의 상황이 「저작권법」 제31조 제1항의 다른 요건을 충족해야 한다.

질문 **3** 도서관 내에서 이용자의 「저작권법」 위반에 대한 책임 소재

도서관 자료실 내에 설치되어 있는 복사기로 이용자가 도서관에 소장되어 있는 소설 1권 전체를 복사했다. 이와 같은 「저작권법」 위반 사항에 대해 도서관이 책임을 져야 하는가?

답   책임지지 않는다.

「저작권법」 제31조는 도서관 등이 "그 도서관등에 보관된 도서등을 사용하여 저작물을 복제할 수 있다"라고 규정한다. 이것은 복제의 주체가 도서관이어야 한다는 것이다. 여기서 주체가 도서관이어야 한다는 것은 도서

관 직원이 직접 복제하는 것과 더불어 그 직원의 지시·감독하에 이용자가 복제를 하는 경우도 포함된다. 「저작권법」 제31조 제1항 제1호는 이용자가 비영리 목적으로 복제를 요청했을 경우 "공표된 도서등의 일부분의 복제물을 1인 1부에 한하여 제공"할 수 있다고 정하고 있다. 도서관 직원이 감독하는 복사기로 이용자가 직접 복사하더라도 「저작권법」 제31조 제1항 제1호가 적용된다고 할 수 있다. 문제는 질문의 경우, 공표된 저작물의 일부분이 아니라 전체를 복제했으므로, 제31조 제1항 제1호에서 허용한 범위를 넘어서는 이용이라고 할 수 있다. 그러나 이 경우 도서관 이용자가 복제행위의 주체이므로 도서관이 이 행위에 공동으로 관여하지 않는 한, 해당 복제행위에 대해 책임을 지지는 않는다.

도서관은 이런 상황이 발생하지 않도록 '도서관 내에 있는 복사기는 일부분만 복사하는 데 사용할 수 있다'고 교육하고 안내할 필요가 있다. 또한 저작권 보호를 명시한 경고 표지를 부착할 필요도 있다.

질문 4 이용자를 위한 복제용 스캐너의 설치

도서관 자료 열람실에 스캐너를 설치해 이용자들이 인쇄자료를 스캔한 후 이를 USB에 담아갈 수 있도록 서비스할 수 있는가?

답   서비스할 수 없다.
「저작권법」 제31조 제1항 제1호는 도서관이 "조사·연구를 목적으로 하는 이용자의 요구에 따라 공표된 도서등의 일부분의 복제물을 1인 1부에 한하여 제공"할 수 있는데, 단 이 경우 디지털 형태로 복제할 수 없다고 규정하고 있다.

　일반적으로 도서관의 자료열람실에 설치된 복사기에서 이용자가 도서관 자료를 스스로 복사하는 경우에도, 그 행위가 도서관 직원의 지시·감독 아래 이루어져야만 이 규정의 적용을 받을 수 있다. 질문의 경우, 스캐너는 도서관 직원이 관리·감독하는 것이므로 복사기에서 이루어지는 복제와 다를 바 없다. 그러나 스캐너를 이용하는 행위는 디지털 형태로 복제물을 제공하는 것이므로, 단서 규정에 위배된다.

　또한 「저작권법」 제30조 '사적이용을 위한 복제' 규정의 적용 가능성을 검토해볼 수 있다. 이 규정은 "공표된 저작물을 영리를 목적으로 하지 아니하고 개인적으로 혹은 가정 및 그에 준하는 한정된 범위 안에서 이용하는 경우"에 이용자들이 해당 저작물을 복제할 수 있다고 정하고 있다. 단, 공중이 사용하도록 설치된 복사기기에 의한 복제는 그렇지 않다고 규정하고 있다.

　스캐너는 도서관 이용자라면 누구라도 사용할 수 있게 설치해둔 것으로, 질문의 상황은 「저작권법」 제30조의 단서 규정에 해당한다. 따라서 「저작권법」 제30조 '사적이용을 위한 복제'에 해당한다고 볼 수도 없다.

질문 5 　카세트테이프 자료를 CD로 변환해달라고 요청했을 경우

이용자가 도서관에 소장된 음악 카세트테이프를 CD로 변환해달라고 요청했을 때 이와 같은 요청을 수락할 수 있는가?

답　　수락할 수 없다.

「저작권법」 제31조 제1항 제1호는 도서관이 "조사·연구를 목적으로 하는 이용자의 요구에 따라 공표된 도서등의 일부분의 복제물을 1인 1부에 한하여 제공"할 수 있는데, 단 이 경우 디지털 형태로 복제할 수 없다고 규정하고 있다.

질문의 상황에서 카세트테이프를 CD로 변환하는 것은 디지털 복제물을 제공하는 것으로, 제31조 제1항 제1호 단서 규정에 위배된다. 다만 제30조 '사적이용을 위한 복제' 규정에 근거해 이용자가 도서관에서 카세트테이프를 대출해 자신이 사적으로 이용하는 장비를 사용해 복제할 수는 있다.

질문 **6** 이용자가 인쇄자료의 스캔을 요청했을 경우

문헌 복사서비스 시 인쇄물의 가독성이 떨어진다는 이유로, 고화질로 스캔한 자료 파일을 요구하는 이용자에게 도서관은 파일을 제공할 수 있는가?

답   제공할 수 없다.

「저작권법」 제31조 제1항 제1호에 의거해 도서관은 "조사·연구를 목적으로 하는 이용자의 요구에 따라 공표된 도서등의 일부분의 복제물을 1인 1부에 한하여 제공"할 수 있으나, 이 경우라도 디지털 형태로는 복제할 수 없다고 규정하고 있다.

질문의 상황에서 스캔한 파일을 제공하는 것은 디지털 형태로 복제물을 제공하는 것에 해당한다. 따라서 제31조 제1항 제1호에 따라 복제할 수 있는 범위를 벗어난다.

도서관이 이용자를 대신해 복사했을 경우

도서관이 이용자를 대신해 저작물을 복사할 경우 「저작권법」은 도서관에
적용되는가, 아니면 이용자에게 적용되는가?

답　　**도서관에 적용된다.**
이용자를 대신해 복사한다는 것은 이용자의 요청에 의해 복사하는 것이라
고 판단된다.

　　질문의 경우는 「저작권법」 제31조 '도서관등에서의 복제' 제1항 제1
호, 즉 "조사·연구를 목적으로 하는 이용자의 요구에 따라 공표된 도서등
의 일부분의 복제물을 1인 1부에 한하여 제공"한다는 조항을 적용해 판단
하면 될 것이다.

질문 **8** 외국 자료의 복제물 제공 시 「저작권법」 적용 방법

도서관 자료를 복사해 이용자에게 제공할 때 외국 자료와 국내 자료에 「저
작권법」이 서로 다르게 적용되는가?

답　　**달리 적용되지 않는다.**
「저작권법」 제3조는 외국인의 저작물 보호에 대해 정하고 있다. 제3조는
"외국인의 저작물은 대한민국이 가입 또는 체결한 조약에 따라 보호"(제3조
제1항)되며, "대한민국 내에 상시 거주하는 외국인의 저작물과 맨 처음 대한민

국 내에서 공표된 외국인의 저작물"(제3조 제2항)도 국내 「저작권법」에 따라 보호된다고 정하고 있다. 그러나 "제1항 및 제2항에 따라 보호되는 외국인의 저작물이라도 그 외국에서 대한민국 국민의 저작물을 보호하지 아니하는 경우에는 그에 상응하게 조약 및 이 법에 따른 보호를 제한"(제3조 제3항)할 수 있고, "그 외국에서 보호 기간이 만료된 경우"에는 우리나라 「저작권법」에 따른 "보호기간을 인정하지 아니한다"(제3조 제4항)라고 정하고 있다.

'베른협약' 등 저작권 관련 국제조약은 '내국민 대우(national treatment)' 원칙을 채택하고 있다. 이는 보호 대상이 되는 외국인 저작권자를 적어도 자국민과 같이 대우한다는 것으로, 국가 간의 저작물 보호를 위해 정한 원칙이다. 따라서 질문의 상황에서 외국의 자료가 「저작권법」 제3조 제3항에 해당하지 않는 한, 국내 자료와 동일하게 「저작권법」 규정을 적용해야할 것이다.

질문 9   도서관 기기를 이용해 아날로그 자료를 디지털 방식으로 녹음·녹화한 경우

도서관 이용자가 아날로그 음반이나 비디오테이프를 도서관 내 장비를 이용해 녹음·녹화할 수 있는가?

답   디지털 방식으로 녹음·녹화해서는 안 된다.

「저작권법」 제31조 제1항 제1호에 의거해 "조사·연구를 목적으로 하는 이용자의 요구에 따라 공표된 도서등의 일부분의 복제물을 1인 1부에 한하여 제공"할 수 있는데, 단 이 경우 디지털 형태로 복제할 수 없다고 정하고 있다. 이때 복제할 수 있는 주체는 도서관 직원이지만, 그가 관리하는 복사기기에서 이용자가 복제하는 것도 해당 직원이 하는 것으로 볼 수 있다.

이용자가 복제하고자 하는 음반이나 비디오테이프가 도서관에 보관되어 있고, 그 복제의 목적이 조사·연구를 위한 것이라 하더라도, 공표된 저작물의 '일부분'만 복제해 제공할 수 있으며 디지털 형태로 복제해서는 안된다. 만일 질문의 상황이 이를 모두 충족한다면 복제물을 제공할 수 있다.

다만 도서관에서 이용자를 위해 녹음과 녹화를 위한 기기를 제공하고 있다면 이는 일반적으로 디지털 기기일 가능성이 높다. 이를 통해 녹음과 녹화가 이루어졌다면 설령 그것이 일부분일지라도 디지털 형태의 복제가 되므로 「저작권법」 제31조 제1항 제1호의 적용범위를 벗어난다.

질문의 경우 「저작권법」 제30조 '사적이용을 위한 복제'에 해당하는지를 검토해볼 수 있다. 그러나 도서관의 녹음기기와 녹화기기는 공중이 이용할 수 있도록 설치해놓은 것이므로 「저작권법」 제30조에 규정된 복제로 볼 수는 없다.

질문 10 대학도서관에서 재학생 이외의 이용자에 대한 복사서비스

대학도서관에서 도서관 자료 복사서비스를 휴학생에게도 제공할 수 있는가?

답   할 수 있다.

「저작권법」 제31조는 "「도서관법」에 따른 도서관과 도서·문서·기록 그 밖의 자료를 공중의 이용에 제공하는 시설 중 대통령령이 정하는 시설"은 이용자의 요구가 있거나 자체보존을 위해 필요하거나 다른 도서관에서 절판된 자료를 요구할 때, 그 도서관에 보관된 저작물을 복제할 수 있다고 규정하고 있다. 「저작권법 시행령」 제12조는 대통령령이 정하는 시설을 "「도서관법」에 따른 국립중앙도서관·공공도서관·대학도서관·학교도서관·전문도서관"으로 정하고, 전문도서관 중에서 "영리를 목적으로 하는 법인이나 단체에서 설립한 전문도서관으로서 그 소속원만을 대상으로 도서관 봉사를 하는 것을 주된 목적으로 하는 도서관은 제외한다"고 정하고 있다. 또한 국가, 지방자치단체, 비영리 목적의 법인이나 단체가 저작물을 보존 또는 대출하거나 그 밖의 공중의 이용에 제공하기 위해 설치한 시설의 경우에도 「저작권법」 제31조를 적용할 수 있다. 즉 제31조를 적용할 수 있는 시설은, 제한된 이용자를 대상으로 봉사하는 도서관이 아니라 오히려 좀 더 폭넓은 공중을 대상으로 봉사하는 도서관이다. 그 대표적인 유형이 공공도서관이다.

또한 「저작권법」 제31조 제1항 제1호는 이용자가 복제물을 요구하는 목적이 조사와 연구이어야 한다고 명확히 밝히고 있지만, 그 이용자가 자관에 등록된 이용자인지 그 외의 이용자인지를 규정하고 있지 않다. 따라서 대학도서관이 복제서비스를 제공하는 대상을 휴학생, 졸업생, 지역 주민, 타 도서관 이용자로 확대할지 아니면 재학생으로 한정할지는 「저작권법」상의 문제가 아니라, 해당 도서관의 서비스 정책의 문제이다.

질문 11   사진집에서의 사진복사 가능 여부와 적정 분량

도서관 이용자가 사진집에서 사진을 복사해달라고 요청한다. 사진집에서 사진을 복사해 제공해줄 수 있는가? 「저작권법」에 위배되지 않게 복사할 수 있는 적정한 분량은 어느 정도인가?

답   ⅓ 이하로 제공할 수 있다.

「저작권법」제31조 제1항 제1호는 도서관은 그 도서관에 보관된 도서를 사용해 "조사·연구를 목적으로 하는 이용자의 요구에 따라 공표된 도서등의 일부분의 복제물을 1인 1부에 한하여 제공"할 수 있기는 하지만, 이 경우라도 디지털 형태로 제공할 수는 없다.

질문의 상황에서 해당 사진집이 도서관에 보관되어 있다면 복제물을 제공할 수 있으나, 그 분량은 "도서등의 일부분"으로 한정된다. 사진저작물은 그 하나하나가 모두 저작물 전체에 해당하지만, 법에서 규정하는 "'도서등의 일부분"에 해당하기 때문에 저작물 전체를 복제하는 것도 허용되는 것으로 보아야 한다. 다만 사진집의 경우 수록된 사진 중 어느 정도의 분량을 복제할 수 있는지를 검토해봐야 한다.

「저작권법」제31조 제1항 제1호에서 도서관이 복제할 수 있는 분량을 '일부분'으로 정하고 있는 것은 도서 등을 통째로 복제하는 것을 막기 위한 것이지, 일부분의 구체적 범위를 정하기 위함이라고 보기 어렵다. 이를 가늠하기 위해 국립중앙도서관의 '국립중앙도서관복제업무규정'을 참고할 수 있다. 이 규정 제6조는 "자료의 복제는 「저작권법」에 의거하여 부분복제(⅓)에 한하며"로 정하고 있다. '일부분'에 대한 명확한 규정이 없는 상황에서 국립중앙도서관의 ⅓ 규정은 다른 도서관에도 적용할 수 있는 하나의 지침이 될 수 있다. 따라서 복사한 분량이 사진집의 ⅓ 이하에 해당한다면, 제31조 제1항 제1호에서 요구하는 '일부분'에 포함된다고 판단할 수 있다.

도서관 이용자가 특정 기간의 신문을 전부 복사해도 되는지 도서관에 문의해왔다. 신문의 복사는 어느 정도 범위까지 허용되는가?

답　　$\frac{1}{3}$ 이하 정도다.

「저작권법」제6조 제1항은 "편집저작물은 독자적인 저작물로서 보호된다"고 정하고 있다. 따라서 신문이나 잡지는 편집저작물이다. 질문은 도서관에 소장된 신문 자료를 이용자가 복제해달라고 요청했을 때 복제해줄 수 있는 분량을 묻는 것이다. 「저작권법」제31조 제1항 제1호에 따르면 도서관은 그 도서관에 보관된 도서 등을 사용해 "조사·연구를 목적으로 하는 이용자의 요구에 따라 공표된 도서등의 일부분의 복제물을 1인 1부에 한하여 제공"할 수 있다.

　「저작권법」은 '일부분'이 어느 정도인지를 명확히 정하고 있지 않다. 이 규정의 취지는 저작물을 통째로 복제하는 것을 막기 위한 것으로 보인다. 국립중앙도서관의 「국립중앙도서관복제업무규정」제6조에는 "자료의 복제는 「저작권법」에 의거하여 부분복제($\frac{1}{3}$)에 한하며"로 정하고 있다. '일부분'에 대한 명확한 규정이 없는 상황에서 국립중앙도서관의 $\frac{1}{3}$ 규정은 다른 도서관에서도 적용할 수 있는 지침이 될 수 있다. 잡지나 신문과 같은 편집저작물에 수록된 기사나 작품은 그 자체로 독립된 저작물이지만, 잡지나 신문 또한 독립된 하나의 편집저작물이므로 여기에 수록된 개별적인 기사들은 그 각각이 전체 저작물의 '일부분'에 해당한다고 볼 수 있다. 따라서 신문 자료의 $\frac{1}{3}$ 이하에 해당하는 분량이라면, 제31조 제1항 제1호에서 요구하는 '일부분'에 포함된다고 판단할 수 있다.

다만 해당 신문기사가 "사실의 전달에 불과한 시사보도"가 아닐 경우 업무상 저작물에 해당되므로, 공표 후 70년 동안 저작권이 보장된다. 단, 집필자와 신문사 간에 특약이 있는 경우는 예외가 될 수 있다. 따라서 복사하려는 신문기사가 공표 후 70년이 경과한 것이라면 저작권이 만료된 것이므로, 제약 없이 복사할 수 있다.

질문 13 시집의 적정한 복사 분량

시와 같은 경우 어느 정도의 분량을 복사해야 「저작권법」에 위배되지 않는 것인가? 시집의 경우 복사할 수 있는 편 수가 정해져 있는가?

답　　복사 분량에 따라 다르다.

시집은 시라는 개별적인 저작물의 편집물이다. 질문과 같은 상황은 도서관에 소장된 시집을 이용자가 복제해달라고 요청했을 때 복제해줄 수 있는 분량이 얼마인지를 묻는 것이다.

「저작권법」 제31조 제1항 제1호에 따르면 도서관은 그 도서관에 보관된 도서 등을 사용해 "조사·연구를 목적으로 하는 이용자의 요구에 따라 공표된 도서등의 일부분의 복제물을 1인 1부에 한하여 제공"할 수 있다. 질문과 같은 상황에서 다른 조건이 모두 충족되었다면 시집이라는 도서의 일부분을 복제해줄 수 있다.

여기서 '일부분'은 저작물이 아니라, 도서라는 물리적 단위를 바탕으로 산정되는 것이다. 따라서 저작물 전체에 해당하는 시 한 편을 통째로 복제하는 것도 가능하다. 다만 '시집'의 일부분만 복제할 수 있다. 「저작권법」은

'일부분'이 어느 정도인지를 명확히 규정하고 있지 않다. 이 규정은 저작물을 통째로 복제하는 것을 막기 위한 것으로 보인다. 그러나 국립중앙도서관의 「국립중앙도서관복제업무규정」 제6조에는 "자료의 복제는 「저작권법」에 의거하여 부분복제($\frac{1}{3}$)에 한하며"로 정하고 있다. '일부분'에 대한 명확한 규정이 없는 상황에서 국립중앙도서관의 $\frac{1}{3}$ 규정은 다른 도서관에서도 적용할 수 있는 하나의 지침이 될 수 있다.

질문 14 지도책의 적정한 복사 분량

도서관 이용자가 지도책에서 지도를 복사하고 싶어 한다. 지도책에서 지도를 복사할 수 있는가? 「저작권법」에 위배되지 않고 복사할 수 있는 적절한 분량은 어느 정도인가?

답 $\frac{1}{3}$ 이하 정도다.

「저작권법」 제4조에 의하면 "지도·도표·설계도·약도·모형 그 밖의 도형" 등에 인간의 사상이나 감정이 표현된 저작물을 도형저작물이라고 한다. 도형저작물 중 지도는 창작성과 관련해 자주 문제가 되고 있는 것 중 하나다. 지도는 약속된 기호로 육지, 산맥, 하천, 도로, 철도, 도시, 국가를 있는 그대로 객관적으로 표현하는 것이므로 어문저작물과 같은 정도로 창작성이 있다고 보기는 어렵다. 다만 지도에 사용되는 개별적인 소재를 기존의 지도와 다른 새로운 방식으로 표현했는지, 그리고 그 소재의 취사선택에 창작성이 있는지를 종합해 지도의 창작성 여부를 판단하게 된다. 만일 창작성이 인정된다면 도형저작물로서 「저작권법」의 보호를 받는다.

질문의 상황에서 해당 지도가 창작성을 갖춘 도형저작물이라면 「저작권법」 제31조 제1항 제1호에 의거해 "조사·연구를 목적으로 하는 이용자의 요구에 따라 공표된 도서등의 일부분의 복제물을 1인 1부에 한하여 제공"해줄 수 있다. 「저작권법」은 '일부분'이 어느 정도인지를 규정하고 있지 않지만, 국립중앙도서관의 「국립중앙도서관복제업무규정」 제6조에 따르면 부분복제를 ⅓로 정하고 있다. 이를 근거로 일부분을 판단해 복제물을 제공할 수 있다.

질문 15 도서관이 라이선스를 얻은 전자저널을 이용자에게 이메일로 전송

도서관이 라이선스를 얻어 구독하는 전자저널, 학술 데이터베이스(이하 DB)에서 다운로드받을 수 있는 학술논문 파일을 사서가 다운로드받아 이용자에게 메일을 통해 제공해도 되는가?

답   DB 제공업체와의 계약 내용에 따라 다르다.
「저작권법」 제31조 제2항 및 제3항에 근거해 도서관은 보관된 도서 등을 디지털화할 수 있지만, 그것의 이용은 도서관 내와 다른 도서관 내에서의 열람과 출력으로 제한된다. 이용자의 요청에 의해 복제물을 제공하는 경우에도 디지털 형태로 복제물을 제공할 수 없다고 규정하고 있다(「저작권법」 제31조 제1항 제1호). 따라서 질문의 상황은 「저작권법」 제31조에 근거해 가능한 것은 아니다.

그런데 이 질문은 전자저널과 학술 DB에 대한 것으로, 해당 저작물 서비스 제공자와 관외 전송이나 이용자에 대한 메일 제공 등이 가능하다는 계약

사항이 있다면 그에 근거해 메일 제공 등의 서비스가 가능할 것으로 보인다.

질문 16 절판된 자료 전체를 복사하는 경우

절판된 자료(도서, 음반)의 경우 이용자를 위해 전체를 복사해주어도 되는가?

답 「저작권법」 제31조에 근거하면 복사할 수 없으나, 공정이용을 적용해볼 수 있다.

「저작권법」 제31조 제1항 제1호는 도서관이 이용자 요구에 따라 그 도서관에 보관된 공표된 도서 등의 일부분을 복제해 1인에게 1부를 제공할 수 있으며, 이 경우 디지털 형태로 복제할 수 없다고 정하고 있다. 따라서 절판된 자료에 대해 이용자 요구가 있을 때 그 전체를 복제해주는 것은 제31조 제1항 제1호에서 허용하는 범위를 넘어선다.

그런데 절판된 자료를 연구 등의 목적으로 반드시 전체 복제해야 하는 이용자에게 부분 복제만 제공하는 것은 결국 시차를 두고 부분 복제하거나 여러 사람에게 부탁해 복제하는 등 편법을 사용해 전체를 복제할 가능성을 높이게 된다. 따라서 이런 경우 도서관은 그 이용의 목적이나 이용하려는 저작물의 특성, 절판된 자료의 복제로 인해 발생할 수 있는 저작권자의 재산적 피해 가능성 등을 종합적으로 판단해 「저작권법」 제35조의3 '저작물의 공정한 이용' 규정에 따라 전체 복제물을 제공해주는 것도 고려해보아야 할 것이다. 단, 해당 자료가 절판된 자료이므로 합리적인 가격을 지불하고 구입할 수 없다는 사실을 이용자로부터 확인할 필요가 있다.

질문 **17** 도서관 문화프로그램 참가자들을 위한 복제물 제공

문화프로그램 참여자들에게 제공하기 위해 문학작품을 복제할 수 있는 가? 독서회 활동을 위해 도서관 소장의 소설책에 수록되어 있는 단편소설 1편을 회원들이 동시에 읽을 수 있도록 회원 수만큼 전문을 복사해달라는 요청을 받았다. 복사물 제공이 가능한가? 학교의 합창 대회를 위해 학교 도서관에 소장하고 있는 악보를 참가 학생 수만큼 복사해 제공해도 「저작권법」상 문제가 없는가?

답 **복제물을 제공해서는 안 된다.**
「저작권법」에서 도서관의 복제에 대해 면책을 인정하는 것은 지극히 제한적인 경우이다. "조사·연구를 목적으로 하는 이용자의 요구에 따라 공표된 도서등의 일부분의 복제물을 1인 1부에 한하여 제공"할 수 있다는 것이 그 대체적인 근간이다. 따라서 각각의 이용이 이와 같은 면책 사유에 해당하는지를 살펴보아야 한다.

먼저 문화프로그램 참여자에게 제공하기 위해 문학작품을 복제하는 것은 조사·연구를 목적으로 하는 이용자에게 저작물의 일부분을 1인 1부에 한해 제공하는 것이라고 볼 수 없기 때문에 도서관 면책에 해당하지 않는다.

두 번째 사례인 합창대회 참여자의 수만큼 악보를 복제하는 것 역시 이런 요건에 해당되지 않아 면책을 인정받을 수 없다. 다만 학교의 합창대회가 수업에 해당된다면, 「저작권법」 제25조에 의거해 저작물의 일부분을 저작자의 허락 없이도 이용할 수는 있을 것이다. 하지만 이런 경우라도 악보 전체를 이용하는 것까지 면책 범위로 인정할 수 있을지는 이용하는 저작물의 양과 목적 등을 종합적으로 고려해 판단해야 한다.

질문 **18** 기관 내 서버에 DRM을 활용한 원문 복사서비스

대학 교내 구성원에게 원문 복사서비스를 제공할 때, 대학도서관 서버에
PDF 파일을 만들어 업로드하고, DRM(Digital Rights Management)을 설정해
저장이나 복사 등을 금지하는 장치를 파일에 해둔다면, 전자전송을 통해
이용자가 원문의 복사본을 받아 봐도 괜찮은가?

답   그렇지 않다.

도서관의 저작물 전송에 대한 면책은 「저작권법」 제31조에 해당이 되는
경우에만 적용이 될 수 있다. 「저작권법」 제31조 제2항은 도서관 관내에
서의 저작물 전송에 관한 사항을 규율하고, 제3항은 도서관 상호 간 원문
전송에 관한 사항을 규율한다.

이 경우에 해당되려면, 도서관 이용자가 컴퓨터를 이용해 저작물을 이
용할 수 있는 장소는 도서관 관내로 제한된다. 도서관 관내일 경우라도 동
시 이용자 수가 제한이 되며, 판매용으로 발행된 도서 등은 발행 후 5년이
경과된 것이어야 한다. 그리고 이런 경우라도 이용자에게 디지털 형태로
된 복제물을 제공할 수 없다.

질문은 도서관이라는 물리적 공간을 벗어나 외부로 서비스를 확장할
수 있는지에 묻는 것이다. 현행 「저작권법」에서는 이를 허용하지 않는다.
따라서 이와 같은 경우에는 저작권자의 허락을 얻은 후에 저작물을 활용
해야 한다.

질문 **19** 이용자가 그림책을 복사하는 경우

공공도서관에 있는 그림책을 이용자가 도서관에서 복사할 수 있는가?

답   복제할 수 있다.

도서관이 이용자를 위해 설치해둔 복사기를 이용해 이용자가 직접 복제하더라도 「저작권법」 제31조 제1항 제1호에 의거해 도서관이 이용자를 위해 행하는 복제에 해당한다. 이 규정에 따르면 도서관에 보관된 도서 등을 연구나 조사를 목적으로 하는 이용자가 요구할 경우 1인에게 1부를 제공해줄 수 있다. 실무에서는 도서관 사서들이 이용자의 요청에 따라 일일이 복사서비스를 제공하지 않고, 카드복제기 등을 설치해 이용자가 직접 복사하고 도서관이나 사서가 이를 관리하는 방식으로 이루어진다.

일반적으로 그림책을 감상하기 위한 목적이라면 대출을 해야 한다. 그렇지 않고 복제를 요청하는 경우라면 감상 이외의 연구나 조사 등을 목적으로 한 것으로 보인다. 그러나 복제가 가능한 분량은 도서 등의 일부분이다. 그림책에 수록된 그림은 그 자체로 하나의 독립된 미술저작물이므로 어느 한 페이지 전체를 차지하는 그림일 경우 전체 복제가 되어 '일부분' 복제라는 요건을 충족시킬 수 없는 상황이 될 수도 있다. 그러나 그림책에 수록된 그림의 경우 도서의 일부분을 구성하는 것으로 보아 설령 어느 한 페이지에 수록된 그림 전체가 포함된다고 하더라도 이를 전체 복제로 볼 수는 없다.

또한 질문과 같은 상황에서 그림책은 디지털 복제물로 제작할 수 없다. 예컨대 도서관에 설치해둔 스캐너 등을 이용해 스캔한 다음, USB 등 이동저장장치나 자신의 이메일 등으로 이를 전송할 수 없다. 「저작권법」

「저작권법」제31조 제1항의 단서에서 디지털 복제물 제공을 금지하고 있기 때문이다.

정보브로커가 그들 고객에게 제공할 목적으로 도서관에 소장되어 있는 특정 자료의 일부분을 복제해달라고 요청했다. 도서관은 정보브로커에게 복제물을 제공할 수 있는가?

답   제공할 수 없다.

도서관은 「저작권법」제31조 제1항에 근거해 도서관에 보관된 도서 등을 "조사·연구를 목적으로 하는 이용자의 요구에 따라 공표된 도서등의 일부분의 복제물을 1인 1부에 한하여 제공"할 수 있다. 단, 디지털 형태로 제공할 수 없다.

질문과 같은 상황에서 정보브로커가 고객에게 복제본을 전달하려고 도서관에 복사를 요청하는 것은 설령 그 정보브로커에게 복제물을 요청한 고객의 목적이 조사나 연구에 있다고 하더라도, 도서관에 직접 복제물을 요청한 정보브로커는 고객에게 복제물을 제공하고 영리를 취득하는 것이 목적이므로 제31조 제1항 제1호의 "조사·연구를 목적으로 하는 이용자의 요구에 따라"라는 조건을 충족하지 못한다. 따라서 이와 같은 복제서비스를 하기 위해서는 저작재산권자로부터 허락을 얻어야 한다.

보존용 복제

훼손된 도서표지를 다른 표지로 대체

훼손된 도서의 표지를 다른 하드커버로 교체해 제본하면 원본 도서와 외형이 바뀌게 된다. 이와 같은 책을 서비스해도 되는가?

답　　서비스해도 된다.

동일성유지권은 저자의 허락 없이 저작물의 제호, 저작물의 내용이나 표현을 임의로 변경할 수 없는 권리를 뜻한다. 이 질문에 대한 답은 동일성유지권의 적용 여부에 따라 결정된다. 도서의 표지는 일반적으로 도서 자체의 내용과는 구별되는 독립적인 개체다. 표지 자체가 지닌 창작성에 따라 독립적인 저작물이 될 수도 있다.

　　따라서 훼손된 도서의 표지를 다른 하드커버로 제본해 원본 도서와는 그 외형이 확연히 달라진다고 하더라도, 도서의 주요한 내용을 구성하는 저작물의 표현이나 내용이 달라진 것이라고 볼 수는 없다. 도서를 구성하는 일부분인 표지가 다른 형태로 변화가 된 것이기 때문에 이것이 동일성유지권을 침해한 것으로 볼 수 없다. 즉 표지는 도서에 포함된 저작물과는 구별되는 것으로, 표지의 변경으로 인해 저작물의 동일성이 훼손되는 것은 아니다. 따라서 원본 도서와는 완전히 다른 것으로 표지를 교체한다고 하더라도, 이런 행위가 저작자의 동일성유지권을 침해하지는 않는다. 다만 도서를 원본과 비슷한 외형으로 만들기 위해, 원래 표지를 변형하거나 왜곡할 경우에는 독립된 저작물인 표지의 동일성유지권을 침해할 수 있다.

질문 22 파손된 책의 수선을 위한 복제

도서관에 소장된 책이 파손되어 낱장이 없어지고, 찢겨져 내용이 끊기는 것이 다수 있다. 다행히 같은 책이 1권씩 더 있어 일부 페이지를 복사해 파손된 책에 부착하고자 하는데 「저작권법」에 위배되는 것일까?

답   위배되지 않는다.

「저작권법」 제31조의 적용 대상이 되는 도서관 등은 보존을 목적으로 그 도서관에 보관된 저작물을 복제할 수 있다. 이 경우 복제의 분량이나 부수에 제한이 없다. 다만 디지털 형태로 복제할 경우 해당 자료가 디지털 형태로 판매되고 있다면 저작권자로부터 허락을 받아야 할 뿐이다. 질문의 경우는 종이로 된 책에서 파손된 부분을 도서관에 보관된 동일한 내용의 다른 책에서 복제해 추가하는 것이므로 저작권을 침해하는 것은 아니다. 만일 해당 도서의 복본이 도서관에 소장되어 있지 않을 경우 그 도서를 소장하고 있는 다른 도서관에 요청해 파손된 페이지에 해당하는 부분의 복제물을 제공받아 파손된 책에 부착하는 것도 가능하다.

　다만 파손된 부분이 미술이나 사진저작물에 해당할 경우, 외부적 표현형식, 예컨대 그림의 일부분이 절단되거나 흑백을 컬러 혹은 컬러를 흑백으로 변경할 경우, 또는 가로세로 비율을 변경하는 경우에는 동일성유지권 침해가 발생할 수 있으므로 유의해야 한다.

질문 **23**　　**딸림자료의 복제 후 대출**

여러 권으로 된 책에 CD나 DVD가 1개만 부록으로 있는 경우, 이를 도서의 수만큼 복제해 대출해주어도 「저작권법」에 위반되지 않는가?

답　　　**위반된다.**
「저작권법」제31조 제1항 제2호는 도서관이 그 도서관에 보관된 도서나 비도서자료를 자체보존을 위해 필요한 경우에 복제할 수 있다고 정하고 있다. 예를 들면 소장공간의 부족으로 마이크로필름이나 디지털 형태로 복제하는 경우이거나 새로운 기기에서 볼 수 있도록 매체를 변경해 복제하는 경우가 이에 해당된다.

　질문과 같은 상황은 대출을 위한 복제이므로 제31조 제1항 제2호에 근거해 복제할 수 없다. 이 경우 필요한 수만큼 구매를 통해 대출하는 것이 바람직하다.

질문 24 보존용 CD, DVD 대체본 제작

CD 또는 DVD 자료는 대출로 파손되거나, 오염 또는 훼손될 가능성이 높다. 도서관이 이를 대비해 CD나 DVD 대체본을 복제할 수 있는가? 발행 시점에 따라 복제 가능성이 달라지는가?

답 복제할 수 없다.

도서관은 자체보존을 위해 그 도서관에 보관된 도서나 비도서자료 전체 복제할 수 있다. 이 경우 디지털 복제도 가능하다. 단, 복제하려는 자료가 디지털 형태로 판매되고 있는 경우라면 보존용이라도 복제할 수 없다. 자체보존이 필요한 경우란 예를 들면 장소가 협소해 소장공간을 확보하기 위해 축소 복제하는 경우, 자료가 손상되어 이를 보완하기 위해 복제하는 경우, 새로운 기기에서 볼 수 있도록 매체변경용 복제를 하는 경우 등이다.

질문과 같은 상황에서처럼 훼손이나 오염에 대처하기 위해 열람용과 보존용을 구분하는 것은 일반적으로 제31조 제1항 제2호에서 정한 자체보존용 복제 범위에 들지 않는다고 보는 견해가 많다. 이런 해석이 저작물의 발행 시점에 따라 달라지는 것은 아니다.

질문 25 다른 도서관으로부터의 복제물 요청

출판된 도서 또는 음반이 손상되었다고 다른 도서관으로부터 복제물 제공 요청이 있을 때 이를 제공할 수 있는가? 만일 훼손된 도서를 중고서점에서

살 수 있는데, 그 가격이 원래 가격보다 훨씬 고가인 경우라면 복제본을
제공할 수 있는가?

답   경우에 따라 다르다.
질문과 같은 상황에서 복제하려는 자료를 만일 일반적인 유통경로(중고서
점을 통해 정상 가격에 준하는 가격으로 구매할 수 있는 경우 포함)를 통해 구매할 수
있다면, 구매를 통해 입수해야 한다. 그러나 만일 해당 자료가 절판이나
그 밖의 이에 준하는 사유, 예를 들면 정당한 가격으로 구하기 어려운 상
황이라면 그 자료를 소장하고 있는 다른 도서관에 요청해 1부의 복제본
을 제공받을 수 있다(「저작권법」 제31조 제1항 제3호). 단, 이 경우에도 디지털
형태로 복제물을 제공할 수 없다.

질문 26 미간행자료의 보존용 복제

도서관이 손상된 미간행 사진, 음반, 원고를 좀 더 안전하게 보존하기 위
해 복제할 수 있는가?

답   복제할 수 있다.
도서관은 자체보존을 위해 그 도서관에 보관된 도서나 비도서자료 전체
를 복제할 수 있다(「저작권법」 제31조 제1항 제2호). 이 경우 디지털 복제도 가
능하다. 단, 해당 자료가 디지털 형태로 판매되고 있다면 디지털 형태로
복제할 수 없다. 이런 경우라면 판매되고 있는 해당 디지털 자료를 구매
해 보존해야 한다.

자체보존이 필요한 경우는 가령 장소가 협소해 소장공간을 확보하기 위해 축소·복제하는 경우, 자료가 손상되어 이를 보완하기 위해 복제하는 경우, 새로운 기기에서 볼 수 있도록 매체변경용 복제를 하는 경우 등이다.

질문의 상황은 미간행저작물이 훼손되어 이를 보완하기 위해 복제하는 것으로 제31조 제1항 제2호에 근거해 복제할 수 있는 경우에 해당된다. 다만 디지털 형태로 복제하기 위해서는 해당 자료가 디지털 형태로 판매되고 있는지를 우선적으로 확인해야 한다.

질문 27 소장 CD를 하드디스크에 복제할 경우

소장한 CD를 모두 하드디스크에 복제해두어도 되는가?

답   그렇지 않다.

「저작권법」제31조 제1항 제2호는 "도서등의 자체보존을 위하여 필요한 경우"에 도서관의 소장 도서 등을 복제할 수 있도록 규정한다. 그리고 도서관의 자체적인 자료 보존 목적의 경우에는 디지털 형태의 복제도 허용하는 것으로 규정한다. 그러나 제31조 제4항에서는 만일 저작물이 디지털 형태로 판매되고 있는 경우에는 도서관의 자체보존을 위한 목적이라고 하더라도 그것을 디지털 형태로 복제할 수는 없도록 허락의 범위를 재조정하고 있다. 저작물 자체가 이미 디지털 형태로 제작되어 판매가 되고 있다면, 해당 저작물을 구매하여 이용하는 편이 저작권자의 보호를 위해 좀 더 바람직하다는 법률 정책적인 판단인 것이다.

따라서 질문의 경우에는 해당 CD를 시중에서 합리적인 가격으로 구입할 수 있는지 확인할 필요가 있다. CD는 그 자체가 디지털 형태로 제작된 것이기 때문에 합리적인 가격으로 시중에서 구매할 수 있다면 그것을 하드 디스크에 디지털 형태로 복제해 저장할 수 없는 것으로 보아야 한다.

질문 28 마이그레이션을 목적으로 한 복제

도서관은 소장자료를 마이그레이션용으로 복제할 수 있는가? 즉 도서관에 소장된 모든 비디오테이프를 DVD 카피로 전환하거나, 도서관에 소장된 오래된 필름스트립을 파워포인트 슬라이드로 복제할 수 있는가? 또는 더는 구할 수 없는 자료를 DVD로 변환해 사용하는 것은 가능한가?

답　　　**대체로 가능하다.**
「저작권법」 제31조 제1항 제2호는 도서관이 자료의 자체적인 보존을 목적으로 보관된 도서 등을 복제할 수 있도록 허용하고 있다. 이용자 서비스에 관한 사항과는 달리 이 경우에 해당이 되면 저작물 전체를 복제할 수 있으며, 해당 자료가 디지털 형태로 판매되고 있지 않다면 저작물을 디지털 형태로 제작하는 것도 모두 가능하다. 따라서 질문한 사항의 경우에는 복제 작업을 행하기 이전에 관련 저작물이 디지털 형태로 제작되어 판매되고 있는지를 우선 파악할 필요가 있다.

　　대상 저작물이 이미 디지털 형태로 제작되어 판매되고 있는 경우에 해당이 된다면, 도서관 면책을 적용받을 수 없기 때문에 이때는 디지털저작물을 구입해 활용하는 것이 바람직하다.

도서관에서 자료를 보전하거나, 지정도서로 선정된 책을 좀 더 많은 이들이 이용할 수 있게 디지털화할 수 있는가? 도서관에서 자료의 디지털화가 가능한 자료는 어떤 자료이며, 문제가 되는 자료는 어떤 자료인가?

답　　법률이 정하는 요건을 충족하는 경우라면 모든 종류의 자료가 가능하다. 다만 이미 디지털 형태로 제작되어 판매 중인 저작물의 경우에는 가능하지 않다.

「저작권법」제31조는 도서관의 저작물 복제와 전송에 관한 면책 및 관련 사항을 규정한다. 제1항 제2호에 따르면 도서관은 소장자료의 자체보존이 필요한 경우에 저작물을 복제할 수 있다. 이 경우에는 저작물 전체를 디지털 형태로 복제하는 것도 가능하다. 다만 해당 저작물이 디지털 형태로 제작되어 판매 중인 경우에는 가능하지 않다.

한편, 디지털저작물의 온라인서비스를 위해서는 제2항과 제3항의 규정에 의해 그 요건이 제한된다. 제2항의 규정에 따르면 도서관은 보관된 도서 등을 복제하거나 전송할 수 있지만, 이 경우 저작물을 동시에 이용할 수 있는 사람은 도서관이 소장하고 있는 자료의 물리적인 숫자만큼으로 제한이 된다. 예컨대 도서관에 보관된 도서가 2권이면 2명까지만 동시 이용이 가능하므로, 3명 이상이 동시에 저작물을 이용할 수 없게 조치해야 한다. 또한 제5항이 정하는 바에 따라 저작물의 출력 및 관간 전송에 대한 보상금을 해당 권리자에게 지불해야 한다.

A 도서관은 미간행 사진, 음반, 원고를 B 도서관에 1부 복제해줄 수 있는가?

답 몇 가지 조건하에서 복제가 가능하다.

이 질문은 미공표저작물을 전체 복제해 타 도서관에 제공할 수 있는지를 묻는 것이다. 다음과 같은 몇 가지 조건을 충족한다면 복제가 가능하다.

「저작권법」 제31조는 저작권자로부터 허락을 받지 않고 도서관이 복제 또는 전송할 수 있는 범위를 정하고 있다. 제31조 제1항 제3호는 다른 도서관 등의 요구에 따라 절판이나 그 밖의 이에 준하는 사유로 구하기 어려운 자료의 복제물을 보존용으로 제공하는 경우, 도서관에 보관된 자료를 사용해 저작물을 복제할 수 있다고 규정하고 있다. 단, 디지털 형태로 복제물을 제공할 수 없다.

질문과 같은 상황에서 A 도서관이 미간행 사진, 음반, 원고 등을 B 도서관에 1부 복제해주기 전에 B 도서관의 복제 요청이 있어야 한다. 또한 요청 대상이 되는 자료가 절판된 자료처럼 구하기 어려운 자료여야 한다. 질문과 같은 경우 복제 대상이 되는 자료가 미간행자료이므로 그 자료를 서점 등 유통기관을 통해 구하기 어려운 것으로 판단된다. 또한 복제 대상이 되는 미간행 사진, 음반, 원고를 A 도서관이 소장하고 있어야 한다. 이와 같은 조건을 충족할 경우 A 도서관은 미간행 사진, 음반, 원고 1부를 복제해 B 도서관에 제공할 수 있다. 단, 이러한 복제물이 디지털 형태로 제공되어서는 안 된다.

또한 「저작권법」 제31조 제1항 제3호는 구하기 어려운 자료에 대한 도서관 간 복제물 제공을 공표된 도서로 제한하고 있지 않다. 따라서 질문과 같은 상황에서 복제 대상 자료가 미간행자료인 것은 문제되지 않는다.

질문 31 CD 세트 중 분실한 일부 CD를 복제할 경우

12개가 1세트인 CD 중 1개를 분실했다. 판매자는 세트로만 판매하고 있는데, 다른 도서관에 요청해 잃어버린 CD의 복제본 1부를 받을 수 있는가?

답   받을 수 없다.

이 질문은 분실 및 손실된 자료를 타 도서관에 요청해 복제물을 제공받는 것과 관련된다. 「저작권법」 제31조는 저작권자로부터 허락을 받지 않고 도서관이 복제할 수 있는 범위를 정하고 있다. 제31조 제1항 제3호는 "다른 도서관등의 요구에 따라 절판 그 밖에 이에 준하는 사유로 구하기 어려운 도서등의 복제물을 보존용으로 제공하는 경우" 도서관에 보관된 자료를 사용해 저작물을 복제할 수 있다고 정하고 있다. 단, 이와 같은 복제가 디지털 형태로는 이루어질 수 없다고 규정한다.

이 규정은 다음 네 가지 조건을 충족할 것을 요구한다. 첫째, 다른 도서관의 요구가 있어야 한다. 둘째, 복제 요청자료가 절판이나 이에 준하는 사유로 구하기 어려운 자료이어야 한다. 셋째, 복제를 해주는 도서관은 해당 자료를 도서관에 소장하고 있어야 한다. 넷째, 디지털 형태로 복제하지 않아야 한다.

질문과 같은 경우, 네 가지 조건 중 첫 번째와 세 번째 조건은 명확히 충족하고 있다. 그런데 세트가 아니라 1개를 구입할 수 없는 상황이 "절판 그 밖에 이에 준하는 사유"에 해당하는지가 문제다. 질문의 상황은 1개의 CD 를 사기 위해 CD 12개 값을 지불해야 한다는 점에서 정당한 가격으로 보기는 어렵다. 따라서 두 번째 조건도 충족된다고 판단된다. 그러나 분실한 CD를 CD로 복제해 제공할 경우 디지털 복제가 되므로 네 번째 조건을 충족하지 못한다. 따라서 요청받은 도서관이 CD 복제물을 요청한 도서관에 제공하기 위해서는 저작재산권자로부터 허락을 받아야 한다.

질문 32 손실된 예술작품의 복제본 제작

A 도서관이 소장하고 있는 사진이나 그림 등 예술작품을 잃어버렸을 경우 B 도서관에 요청해 해당 예술작품의 복제본을 받을 수 있는가?

답 몇 가지 조건하에서 복제가 가능하다.

도서관은 「저작권법」 제31조 제1항 제3호의 규정에 따라 다른 도서관 등의 요구에 따라 "절판 그밖에 이에 준하는 사유"로 구하기 어려운 도서등의 복제물을 보존용으로 제공할 수 있다. 따라서 절판 등의 사유로 구하기 어려운 "도서등의 복제본"을 보존용으로 소장하기 위해 다른 도서관에 복제물 제공을 요청할 수 있다. 다만 이 경우에 복제물은 아날로그 형식으로 제작된 것이어야만 한다.

그러나 예술작품의 경우 도서관이 이를 어떤 목적으로 소장하고 있는가에 따라 「저작권법」 제31조 제1항 제3호의 적용 가능 여부가 달라질 수 있다. 먼저 도서관이 이용자들이 열람하도록 하기 위해 소장하고 있는 도서 등과 같은 용도로 예술작품을 수집하고 관리하는 경우라면, 이 조항에 적용을 받을 수 있을 것이다. 「저작권법」 제31조에서 규정하는 '도서 등'은 도서관이 고유의 목적을 달성하기 위해 수집해 관리하는 모든 자료로 볼 수 있기 때문에 예술작품도 모두 이 범위에 포함될 수 있다. 그렇지만 도서 관이 소장하고 있는 예술작품이 도서관의 벽면이나 휴게실을 장식하려는 목적과 같이 도서관의 정보제공을 위한 목적으로 활용되는 것이 아니면 이 조항의 적용을 받을 수 없다고 보아야 한다.

도서관에서 구독하고 있는 정기간행물의 결호가 있어, 해당 호를 소장하고 있는 다른 도서관에 전부 복제를 요청하려고 하는데 가능한가?

답   몇 가지 조건을 충족하면 가능하다.

질문의 상황은 잃어버린 도서관 자료의 전체 복제물을 다른 도서관에 요청하는 것이다. 「저작권법」 제31조는 저작권자로부터 허락을 받지 않고 도서관이 복제할 수 있는 범위를 정하고 있다. 제31조 제1항 제3호는 다른 도서관 등의 요구에 따라 "절판 그 밖에 이에 준하는 사유"로 구하기 어려운 자료의 복제물을 보존용으로 제공하는 경우, 도서관에 보관된 자료를 사용해 저작물을 복제할 수 있다고 정하고 있다. 단, 디지털 형태로 복제물을 제공할 수 없다.

　이 규정에서 가장 중요한 점은 복제하려는 자료가 일반적인 유통시장에서 구하기 어려운 상황이어야 한다는 것이다. 즉, 해당 자료가 더는 출판되지 않는 등의 상황을 가리킨다. 가령 저작물 구입 비용이 지나치게 고가라는 점은 절판에 준하는 사유로 볼 수 없다는 것이 일반적인 견해다. 그런데 이때 고가라는 것은 해당 저작물에 원래 부여된 가격에 대한 것이지, 해당 저작물이 출판된 지 오래되었거나 희소해 부가적으로 매겨진 가격이 고가라는 의미는 아니다. 따라서 이런 경우는 고가가 아니라 정당한 가격으로 구입할 수 없는 상황으로 보는 것이 타당하다.

정기간행물은 특성상 과월호를 추가로 인쇄하지 않는 경우가 많다. 그러나 우선적으로는 해당 정기간행물을 발행 및 유통하는 기관을 통해 절판 여부를 확인한 후, 다른 도서관으로부터 해당 결호에 대한 복제물을 요청하는 것이 바람직하다. 단, 디지털 형태의 복제물 제공은 저작재산권자로부터 허락을 얻어야 가능하다.

3

디지털화와 그에 따른 이용

소장자료의 디지털화를 외주 업체에 맡겨 진행하려고 하는데, 법적인 문제는 없는가?

답　　문제가 없다.

「저작권법」 제31조 제2항에 따르면, 도서관은 디지털 형태로 제작되어 판매되는 저작물을 제외하고 그 소장자료를 모두 디지털화할 수 있다. 그런데 디지털화 작업을 외부 업체에 의뢰하면 복제행위의 실질적인 주체는 도서관이 아니라 해당 작업을 하는 외부 업체가 될 수도 있다. 그렇지만 이런 방식으로 해석을 하게 되면 도서관이 소장자료를 디지털저작물로 만드는 작업은 사실상 불가능해진다. 이 경우에 디지털화 작업에 참여하는 외부 업체의 복제는 도서관의 저작물 복제 의뢰를 충실히 수행하는 데 목적이 있지, 그 밖의 다른 방식의 활용을 염두에 둔 것은 아닐 것이다. 따라서 외부 업체의 역할은 도서관의 저작물 복제행위를 대행하는 정도로 이해해야 마땅하다. 그러므로 외주 업체를 통해 저작물을 디지털화하는 행위는 도서관의 직무 형편상 불가피한 것으로 「저작권법」이 허용하는 범위 내라고 해석할 수 있을 것이다.

다만 1차적으로 저작물을 디지털화하는 외부 업체가 디지털저작물을 불법적으로 활용하는 것을 방지하기 위해, 디지털저작물의 외부 반출 또는 불법적 활용을 않겠다는 서약을 해당 업체로부터 받아두는 편이 바람직하다.

질문 35 저작권자의 허락 없이 학술지 원문 구축사업에 참여했을 경우

저작권자에게 허락을 받지 않고 학술지 원문 구축사업에 참여해 해당 자료의 원문이 자관과 한국교육학술정보원(KERIS)의 RISS(Research Information Sharing Service)에 서비스되고 있는데 「저작권법」상으로 문제가 있는가?

답   해당 원문의 서비스 방식에 따라 다르다.

저작권자의 허락을 받지 않고 원문을 온라인에 공개하는 것은 저작권을 침해하는 행위에 해당된다. 「저작권법」 제31조에서 도서관의 복제와 전송에 관한 면책을 일부 인정하고 있으나, 법률이 정하는 까다로운 요건을 모두 충족하는 경우로 제한이 된다. 자관 내에서 원문을 이용하도록 제공할 경우에는 그 동시 사용자 수를 도서관이 보유한 자료의 수만큼으로 제한하며, 도서관 간의 상호 전송일 경우 판매용으로 발행된 도서는 발행 후 5년이 경과해야 한다고 기간을 정했다.

또한 이 두 가지 경우라도 모두 저작물의 복제와 전송에 대해 보상금을 해당 권리자에게 지불하고 난 후에 저작물을 이용할 수 있다. 디지털화한 원문을 RISS를 통해 이용자가 집이나 연구실에서 직접 보거나 다운로드할 수 있도록 서비스하고 있다면, 이는 「저작권법」 제31조에서 허용하는 범위를 넘어서는 이용이다. 따라서 복제권과 전송권 침해 행위에 해당이 된다. 그러나 RISS에서 서지사항만 검색할 수 있도록 하고, 원문은 도서관 내에서 이용할 수 있도록 한다면 이는 제31조에서 허용하는 범위에 해당된다.

질문 36 딸림자료를 서버에 저장해 온라인서비스를 할 경우

도서관이 소장한 자료의 딸림자료를 서버에 저장한 후 웹서비스를 제공하는 것이 「저작권법」에 저촉되는 것인가?

답   딸림자료의 성격에 따라 다르다.

딸림자료를 구성하고 있는 것이 저작물에 해당되는지를 먼저 살펴볼 필요가 있다. 원활한 실습을 지원하기 위해 제공되는 일련의 데이터 조각들이 딸림자료를 구성하고 있다면, 이는 「저작권법」의 보호를 받는 저작물이 아니므로 자유로운 서비스와 활용이 가능할 것이다. 반면에 저작물에 해당되면, 딸림자료의 경우에도 일반적인 자료와 마찬가지 기준이 적용된다. 특히 이 경우 대개의 딸림자료들은 디지털 형태로 제작되어 판매되는 것이라고 볼 수 있기 때문에 도서관이 소장한 자료를 서버에 올리거나 웹서비스를 제공하는 것은 저작권 침해에 해당될 가능성이 매우 높다.

질문 37 등록된 이용자만을 대상으로 한 온라인서비스

도서관 홈페이지의 사용자 수를 제한한다면 소장하고 있는 자료를 활용해 온라인서비스를 제공할 수 있는가?

답　　그렇지 않다.

홈페이지에 저작물을 업로드하는 행위는 저작물의 복제와 전송을 수반하는 행위이기 때문에 저작권자의 허락을 받아야 한다. 제한된 그룹만으로 홈페이지 사용자를 제한하더라도, 가족이나 친지와 같은 소규모 집단의 범위를 벗어나 서비스가 이루어질 수밖에 없기 때문에 저작물을 온라인상에 서비스하기 위해서는 저작권자로부터 복제와 전송에 대한 허락을 받아야만 한다.

　다만 도서관이 소장하고 있는 저작물을 도서관 관내에서 이용자에게 제공하기 위해 제한적으로 이런 방법을 허용하기도 한다. 이 경우에는 디지털 방식으로 서비스되는 저작물의 동시 사용자 수가 도서관에 보관된 해당 도서의 수를 벗어나지 않아야 하며, 저작물의 복제와 전송에 따른 보상금을 해당 권리자에게 지불해야 한다.

질문 38 정기간행물 인쇄본을 디지털화해 서비스하는 경우

도서관에서 구독 중이던 정기간행물이 더는 인쇄본으로 발행되지 않고, 웹DB 형태로만 제공되고 있다. 그런데 해당 도서관은 이 웹DB 제공 업체와 라이선스 계약을 맺지 않은 상태다. 도서관이 그동안 구독해 입수했던 해당 정기간행물의 인쇄본 전부를 자체적으로 디지털화해 이용자에게 제공해도 되는가?

답   몇 가지 조건을 충족하면 가능하다.

「저작권법」 제31조 제2항에 따라 도서관은 그 도서관 내에서 열람할 수 있도록 보관된 도서 등을 복제하거나 전송할 수 있다. 단, 동법 제31조 제4항에 따라 해당 도서 등이 디지털 형태로 판매되고 있다면 디지털 형태로 복제할 수 없다. 질문의 상황에서 중요한 것은 도서관이 디지털화하려는 정기간행물의 권·호가 웹DB에서 판매되는지에 달려 있다. 해당 웹DB 혹은 다른 웹DB에서라도 도서관이 디지털화하려는 정기간행물의 권·호가 이미 판매되고 있다면, 도서관은 이를 디지털 형태로 복제해 이용자에게 제공할 수 없다. 그러나 만일 웹DB에서 해당 정기간행물의 최근 호만 제공하고 있고 도서관이 디지털화하려는 과거의 권·호는 판매하고 있지 않은 경우라면, 도서관은 이를 디지털화해 관내 혹은 도서관 간에 전송할 수 있다.

다만 관내에서 전송할 경우 동시 이용자 수는 도서관에 소장된 부수만큼만 가능하고(즉, 특정 권·호에 수록된 논문 1편을 전송할 경우에 해당 권·호가 1부만 소장되어 있다면 해당 논문을 동시에 볼 수 있는 이용자 수는 1명이다), 도서관 상호 간 전송은 발행일로부터 5년이 경과한 후에만 가능하며, 관내 출력 및 도서관 간의 상호 전송에 대해서는 도서관이 해당 권리자에게 보상금을 지불해야 한다.

구독 중이던 국내의 정기간행물이 폐간되었다. 이 정기간행물의 과월호 전체를 도서관이 자체적으로 디지털화해 자관 이용자만이 아니라 모두에게 무료로 공개하려고 한다. 가능한가?

답　　　**가능하지 않다.**
「저작권법」 제31조 제2항에 따라 도서관은 그 도서관 내에서 열람할 수 있도록 보관된 도서 등을 복제하거나 전송할 수 있고, 동법 제31조 제3항에 따라 다른 도서관 등의 내부에서 열람할 수 있도록 복제하거나 전송할 수 있다. 만일 질문과 같은 상황에서 폐간된 정기간행물의 과월호가 디지털 형태로 판매되고 있지 않다면, 예컨대 학술지 웹DB 등 상업적으로 판매되고 있지 않다면 도서관이 폐간된 정기간행물의 과월호 전체를 디지털화할 수 있다. 그러나 디지털화한 자료를 도서관 내에서만이 아니라 인터넷을 통해 일반 이용자 모두에게 공개할 수는 없다. 왜냐하면 도서관이 디지털화한 자료를 이용하는 범위는 도서관 내와 도서관 간으로 제한되기 때문이다. 이런 제한은 절판 또는 폐간된 정기간행물이라고 하여 예외가 되는 것은 아니다.

도서관의 장소가 협소해 과월호 정기간행물을 보관하기 어렵다. 현재 판매되고 있는 정기간행물을 스캔해 이용자들이 출력만 할 수 있도록 한다면 디지털화해도 괜찮은가?

답　　몇 가지 조건하에서 가능하다.

「저작권법」 제31조 제1항 제2호에 따라 도서관 등은 도서 등의 자체보존을 위해 필요한 경우 저작물을 복제할 수 있다. 자체보존을 위한 복제의 경우 이용자에게 복제물을 제공하는 것과 달리 복제할 수 있는 분량이나 부수에 제한이 없다. 현재 해당 자료가 판매되고 있는 경우라도 보존용 복제라면 저작물 전체를 복사할 수 있다.

　다만 제31조 제4항에 따라 해당 자료가 디지털 형태로 판매되고 있는 경우라면 보존용 복제라 하더라도 이를 디지털 형태로 복제할 수 없다. 따라서 도서관은 질문의 상황에서 우선 해당 과월호 정기간행물이 디지털 형태로 판매되고 있는지, 즉 상업용 웹DB 등을 통해 판매되고 있는지를 확인해야 할 것이다. 판매되지 않는다면 디지털화해 이용자에게 출력물을 제공할 수 있다. 이 경우라도 이용자에게 제공되는 출력물은 정기간행물 한 호의 논문 1편 등 저작물의 일부분으로 제한되며, 출력에 해당하는 보상금을 권리자에게 지불해야 한다.

질문 **41**　워터마크를 추가한 디지털화된 자료의 전송

소장자료를 디지털화할 때 워터마크를 넣어 이용자들에게 제공한다면 관외 전송을 할 수 있는가?

답   관외 전송은 할 수 없다.

「저작권법」 제31조는 도서관이 디지털화한 자료를 도서관 외부로 전송하는 것을 허용하지 않는다. 해당 저작물의 저작권이 만료되었거나 저작권자로부터 이용허락을 받은 경우이거나 「저작권법」 제24조의2 '공공저작물의 자유이용'에 해당하는 경우, 제50조 저작재산권자 불명인 저작물에 해당해 소정의 절차를 거쳐 보상금을 공탁한 경우, 제35조의3 '저작물의 공정한 이용'에 해당하는 경우가 아니라면 도서관이 디지털화한 저작물을 관외로 전송을 할 수 없다. 워터마크 등 복제방지 조치를 한 경우라도 마찬가지다.

「저작권법」 제31조 제7항은 도서관이 소장자료를 디지털 형태로 복제하고 전송할 경우 대통령령이 정하는 조치(「저작권법 시행령」 제13조)를 해야 한다고 정하고 있다. 그러나 이때 디지털 형태의 복제 및 전송의 범위는 도서관 내와 도서관 상호 간 전송에 한정되며, 관외 전송은 포함되지 않는다.

질문 42   **마이크로필름의 디지털화와 인터넷 공개**

도서관이 소장하고 있는 오래된 자료의 마이크로필름을 모두 디지털 형태로 제작해 보존하고 이용자들이 인터넷에서 이용할 수 있게 하려고 한다. 가능한가?

답   일정한 조건하에서 가능하다.

「저작권법」 제31조 제1항 제2호에 따라 도서관은 보관된 도서 등을 보존을 목적으로 복제할 수 있다. 다만, 도서 등이 디지털 형태로 판매되고 있을 경우에는 디지털 형태로 복제할 수 없다(「저작권법」 제31조 제4항). 즉, 디지털 방식으로 제작하려는 마이크로필름이 이미 누군가에 의해 디지털 형태로 제작되어 라이선스 방식으로 판매되고 있거나 디지털 매체에 저장되어 판매되고 있을 경우, 도서관은 이를 구매해 보존해야 할 것이다. 그렇지 않을 경우에는 디지털 방식으로 제작해 보존할 수 있다. 만일 판매되고 있지 않아 디지털 방식으로 제작한 경우라 해도 이를 인터넷에 공개할 수는 없다. 인터넷을 통해 공개하려고 할 경우, 해당 자료가 저작권이 만료된 자료가 아니라면 권리자로부터 허락을 받아야 한다.

질문 43 저작권자를 찾을 수 없는 기록물의 디지털화와 인터넷 공개

도서관이 기증받은 기록물을 디지털 형태로 제작해 인터넷에 공개하기 위해 저작권자로부터 허락을 받고 싶은데 그의 주소와 연락처를 알 수가 없다. 도서관이 이 기록물을 디지털화해 공개할 수 있는가?

답 **몇 가지 절차를 거쳐야 가능하다.**
국내 「저작권법」 제50조는 상당한 노력을 기울였음에도 저작재산권자나 그의 거소를 확인할 수 없는 경우 이를 저작재산권자 불명인 저작물이라고 부르며, 유럽이나 북미에서는 이를 고아저작물(orphan works)이라고 부른다. 그런데 단지 어떤 저작물의 저작재산권자나 그의 연락처를 알 수 없다고 해서 저작재산권자 불명인 저작물이 되는 것은 아니며, 이를 찾기 위해 상당한 노력을 기울여야 한다는 전제 조건이 있다. 「저작권법 시행령」 제18조 제1항은 '노력의 기준'을 상세히 제시하고 있다.

첫째, 저작권등록부의 열람, 둘째, 저작권신탁관리업자 등에 저작재산권자나 그의 거소를 조회하는 문서를 보냈으나 이를 알 수 없다는 회신을 받거나 문서를 발송한 날로부터 1개월이 지났음에도 회신이 없을 것, 셋째, 전국을 보급 지역으로 하는 일간지나 저작물 등의 권리자 찾기 정보시스템에 저작재산권자를 찾는 공고를 한 날로부터 10일이 지날 것, 넷째, 국내 정보통신망 정보검색도구를 이용해 저작재산권자나 그의 거소를 검색할 것, 이 네 가지 노력을 모두 수행한 후에도 저작재산권자를 찾을 수 없을 경우에만 저작재산권자 불명인 저작물이 된다. 이와는 별도로 교육목적 보상금(「저작권법」 제25조 제8항)과 도서관 보상금(「저작권법」 제31조 제6항)에 따른 보상금이 분배공고를 한 날로부터 3년이 경과했음에도 분배되지 않을 경우, '상당한 노력'의 요건을 충족한 것으로 본다(「저작권법 시행령」 제18조 제2항).

그런데 설령 그것이 저작재산권자 불명인 저작물이라고 하더라도 곧바로 도서관이 이를 디지털화해 인터넷에 공개할 수 있는 것은 아니다. 법정허락승인신청 및 공고를 거쳐 보상금을 공탁해야 하고, 승인신청을 한 저작물 1건에 대해 1만 원의 수수료도 지불해야 한다.

질문 44 고아저작물과 저작재산권자 불명인 저작물

고아저작물과 우리나라 「저작권법」 제50조에 규정된 '저작재산권자 불명인 저작물'은 동일한 것인가?

답   그렇다.
어떤 저작물이든 처음부터 고아저작물인 경우는 없다. 고아저작물을 확인하기 위해서는 저작물의 저작재산권자가 누구이며, 그가 어디에 살고 있는지 등을 확인하기 위해 상당한 노력을 기울여야 한다. 그와 같은 노력에도 저작재산권자를 찾지 못한 경우에만 고아저작물이 된다. 그 노력이 어느 수준으로 이루어져야 하는지에 대해서는 각국 법에 따라 조금씩 차이가 있다. 우리나라의 경우는 '노력의 기준'이 「저작권법 시행령」 제18조에 제시되어 있다.

질문 45 도서관 간에 전송받은 디지털 원문파일의 저장과 출력 가능 여부

다른 도서관으로부터 도서관 상호 간 전송을 통해 제공받은 디지털 원문파일을 저장하거나 출력할 수 있는가?

답   저작물의 출력은 가능하지만, 원문파일의 저장은 가능하지 않다. 「저작권법」 제31조는 도서관의 저작물 복제와 전송에 관한 면책 요건을 규율하고 있다. 이 조항에 따르면 도서관은 보관된 자료를 활용해 저작물을 디지털화할 수 있으며, 도서관 상호 간 전송도 허용된다(「저작권법」 제31조 제3항). 다만 이 경우에도 도서관 이용자에게 제공되는 저작물은 아날로그 형태를 유지해야만 한다. 즉, 이용자에게 디지털 원문파일을 직접 제공할 수는 없다. 이와 같은 요건에 합당한 경우라면 다른 도서관으로부터 관간 전송을 통해 제공받은 디지털 원문파일을 출력해 이용자에게 제공하는 것이 전혀 문제되지 않는다. 이 경우에 해당이 된다면 도서관 상호 간 전송에 따른 보상금을 지불해야만 한다.

그렇지만 다른 도서관으로부터 전송받은 원문파일을 도서관 서버에 저장하는 행위는 허용되지 않으며, 이 경우는 「저작권법」 제31조 제3항이 규정하는 도서관 상호 간 저작물 전송에 해당되지 않는다. 또한 이 경우는 디지털 복제에 해당되기 때문에 「저작권법」 제31조 제1항 제3호의 복제에도 해당되지 않는다. 따라서 원문파일의 저장은 면책범위에 해당되지 않는다.

질문 46 타 도서관의 디지털 원문자료를 복제해 출력물을 제공할 경우

다른 도서관의 디지털 원문자료를 자관의 DB에 올려놓고, 이용자가 출력할 수 있도록 제공하는 것은 저작권 침해인가?

답　　그렇다.

「저작권법」 제31조가 도서관에 대해 허용하는 저작권 면책은 도서관이 보관하고 있는 도서 등에 한정된다. 다른 도서관이 제공한 디지털 원문자료를 도서관 상호 전송에 의해 도서관 관내에서 이용할 수 있도록 제공하고, 이에 따라 적절한 보상금을 지급하며, 원문을 출력할 수 있도록 지원할 수 있다. 그러나 다른 도서관이 구축한 디지털 원문자료를 도서관 DB에 올려놓는 것은 「저작권법」이 허용하는 범위를 벗어난 것이다.

　「저작권법」 제31조 제1항 제3호는 다른 도서관 등의 요구에 의해 절판 그 밖에 이에 준하는 사유로 구하기 어려운 도서 등의 복제물을 보존용으로 제공하는 것을 허용하고 있으나, 이 경우에도 디지털 복제는 허용되지 않으며, 질문의 경우는 이와 같은 사례에도 해당되지 않는 것으로 추정되므로 면책 범위를 벗어난다. 따라서 저작권 침해에 해당된다.

다른 도서관에서 디지털화 하여 제공하고 있는 학위논문 원문을 우리 도
서관이 출력해 제본한 후 소장해도 되는가?

답　　경우에 따라 다르다.

도서관은 다른 도서관 등의 요구가 있을 경우 절판 또는 그에 준하는 사유
로 구하기 어려운 도서 등의 복제물을 보존용으로 제공할 수 있는데, 이
경우라도 디지털 형태로는 제공할 수 없다(「저작권법」제31조 제1항 3호).

　학위논문은 일반적으로 출판되지 않으므로 구하기 어려운 도서 등에
포함된다고 볼 수 있다. 따라서 출판되어 정상적인 유통경로를 통해 구매
할 수 있는 상황이 아니라면 다른 도서관의 요청이 있을 때 학위논문의 복
제물을 제공할 수 있다.

　질문의 상황은 다른 도서관에 학위논문의 복제물을 요구하는 것이 아
니라 다른 도서관에서 디지털화해놓은 학위논문을 「저작권법」제31조 제
3항에 따라 도서관 상호 간 전송을 받은 후 출력하는 것이다. 이 경우라면
도서관 상호 간 전송 및 출력에 따른 보상금을 권리자에게 지급해야 한다.
또한 도서관 상호 간 전송 후 출력은 제31조 제1항 제1호에 따른 복제이므
로 그 분량이 일부분으로 제한된다.

　따라서 특정 학위논문의 전체 복제물이 필요할 경우 다른 도서관에 요
구해 출력물 형태의 복제물을 제공받아야 한다. 다만 해당 학위논문의 저
작권자가 CCL(creative commons license)을 적용하고 있을 경우 이에 근거해
자유로운 복제가 가능하므로 출력 및 제본해 소장할 수 있다.

신문사 등의 영리단체와 협약을 통해 자관에서 디지털화한 자료를 전송해줄 수 있는가?

답 신문사 도서관의 서비스 범위에 따라 가능할 수도 있다.
「저작권법」제31조 제3항은 "도서관등은 컴퓨터를 이용하여 이용자가 다른 도서관등의 안에서 열람할 수 있도록 보관된 도서등을 복제하거나 전송할 수 있다. 다만, 그 전부 또는 일부가 판매용으로 발행된 도서등은 그 발행일로부터 5년이 경과하지 아니한 경우에는 그러하지 아니하다"라고 정하고 있다.

이 규정에 근거해 도서관은 다른 도서관 '안'에서 '열람'할 수 있도록 자료를 디지털 자료로 만들어 전송할 수 있다. 단, 판매용으로 발행된 자료의 경우 발행일로부터 5년 후에 이와 같이 할 수 있다. 즉, 도서관이 디지털화한 자료의 전송은 도서관 간에만 가능하다. 질문과 같은 상황에서 신문사 등의 영리단체는 도서관에 해당하지 않으므로 자료를 전송해줄 수 없다. 다만 신문사에 속한 도서관은 전문도서관으로서 관간 전송의 대상이 될 수 있다. 그러나 「저작권법」제31조에 근거해 복제를 할 수 있는 시설의 범위를 「저작권법 시행령」제12조는 "「도서관법」에 따른 국립중앙도서관·공공도서관·대학도서관·학교도서관·전문도서관(영리를 목적으로 하는 법인 또는 단체에서 설립한 전문도서관으로서 그 소속원만을 대상으로 도서관 봉사를 하는 것을 주된 목적으로 하는 도서관은 제외한다)"으로 정하고 있다. 「저작권법 시행령」에 따르면 도서관 예외 규정의 적용 여부가 문제시되는 전문도서관의 경우, 그 설립 목적의 영리성보다는 서비스의 개방성을 기준으로 제31조의 적용 여부가 결정된다. 따라서 신문사 도서관이 그 소속원만이 아니라 관련된 연구자나 학생들에게도 일정한 서비스를 제공하고 있다면 복제와 도서관 상호 간 전송을 할 수 있다.

도서관 보상금을 정하는 기준이 있는가?

답   있다.

도서관 보상금의 정식명칭은 '도서관의 저작물 복제·전송이용 보상금'이다. 문화체육관광부는 '도서관의 저작물 복제·전송이용 보상금 기준'을 고시한다. 가장 최근에 고시된 기준은 2016년 7월 29일 발표된 문화체육관광부 고시 제2016-20호다. 이 고시는 이번 기준이 2016년 9월 1일부터 차후 개정 시까지 적용된다고 밝히고 있다.

도서관 보상금은 이용자 요구에 따라 디지털 형태의 도서를 출력하는 경우와 발행된 지 5년이 경과된 판매용 도서 등을 다른 도서관 내에서 열람할 수 있도록 전송하는 경우에 부과된다.

출력에 대한 보상금은 두 가지 경우에 적용된다. 첫째는 A 도서관이 소장자료를 디지털화해 이 자료를 자관 이용자에게 출력해주는 경우다. 둘째는 B 도서관이 디지털화한 자료를 A 도서관 이용자가 전송받아 출력하는 경우다. 현재 적용되는 보상금 기준은 출력 시 판매용 자료는 1면당 6원, 비매용 자료는 3원이며, 전송은 1파일당 25원이다. 이 금액은 단행본과 정기간행물에 동일하게 적용된다. 다음 표는 2016년 문화체육관광부 고시 제2016-20호 '도서관의 저작물 복제·전송이용 보상금 기준'이다.

도서관의 저작물 복제·전송이용 보상금 기준

구분		이용 형태 및 보상금 기준	
		출력	전송(전송을 위한 복제 포함)
단행본	판매용	1면당 6원	1파일당 25원
	비매용	1면당 3원	1파일당 0원
정기간행물	판매용	1면당 6원	1파일당 25원
	비매용	1면당 3원	1파일당 0원

질문 **50** 디지털화된 자료의 전송 및 출력에 대한 도서관 보상금

자관 이용자가 자관 혹은 다른 도서관의 디지털화된 자료를 전송받아 출력할 경우 도서관 보상금이 부과되는가?

답   부과된다.

도서관 보상금은 도서관이 디지털화한 자료를 출력하거나 도서관 상호 간 전송의 경우에 부과된다. 특정 자료를 디지털화한 도서관이 있는가 하면 이 자료를 도서관 상호 간 전송으로 받아보는 도서관이 있다. 어느 경우이든 출력에 대해서는 보상금이 부과된다. 또한 도서관 상호 간 전송의 경우 출력 이외에 전송에 해당하는 보상금도 부과된다. 보상금액은 문화체육관광부가 매년 고시하는 '도서관의 저작물 복제·전송이용 보상금 기준'에 따른다. 2018년 기준에 따르면 도서관 상호 간 전송은 판매용인 경우 1파일당 25원, 비매용인 경우 1파일당 0원이다. 출력에 따른 보상금은 판매용

인 경우 1면당 6원, 비매용인 경우 3원이다.

그러나 이와 같은 보상금이 부과되지 않는 자료도 있다. 국가나 지방자치단체, 대학 등 「고등교육법」 제2조의 규정에 따라 학교가 저작재산권자인 저작물 중 비매용 자료가 이에 해당한다. 물론 저작권이 만료된 저작물의 도서관 상호 간 전송이나 출력에 대해서도 도서관 보상금은 부과되지 않는다.

질문 51 디지털화된 정부간행물 출력에 대한 도서관 보상금

다른 도서관에서 디지털 형태로 제공하고 있는 정부 발간 저작물을 이용자들이 출력하는 경우에도 도서관 보상금이 부과되는가?

답　　**경우에 따라 다르다.**

도서관 보상금은 도서관이 디지털화한 자료를 출력하거나 도서관 상호 간에 전송하는 경우에 부과되며, 그 금액은 전송 시 1파일당 25원, 출력 시 판매용은 1쪽당 6원, 비매용은 3원이다. 또한 국가나 지방자치단체, 대학 등 「고등교육법」 제2조의 규정에 따른 학교가 저작재산권자인 저작물 중 비매용 자료는 도서관 보상금이 부과되지 않는다.

질문의 상황에서 해당 저작물의 저작권을, 이를 발간한 정부 부처가 소유하고 있다면 도서관 보상금은 부과되지 않는다. 정부에서 발간한 저작물이라고 하여 무조건 저작권이 해당 부처에 있는 것은 아니다. 예를 들면 정부에서 발간하는 소식지나 잡지에 실린 기사나 논문의 저작재산권자는 1차적으로는 그것을 작성한 저작자다. 따라서 이 경우 저작권 양도가 이루어지지 않았다면 저작재산권자는 기사나 논문의 저작자다. 그러나 저자가 기사나 논문을 투고하면서 발간 주체인 정부 부처에 저작재산권을 양도할 수도 있는데, 이 경우 저작재산권자는 해당 부처가 된다. 또는 해당 저작물이 그 부처의 공무원에 의해 업무 과정에서 발생한 업무상 저작물인 경우에도 저작재산권자는 해당 부처다. 따라서 이런 경우에는 도서관 보상금이 부과되지 않는다.

한편 「저작권법」 제24조의2 '공공저작물의 자유이용' 규정에 따르면 국가나 지방자치단체가 업무상 작성해 공표한 저작물이나 계약에 따라 저작재산권의 전부를 보유한 저작물은 허락 없이 이용할 수 있다. 다만 국가 안전보장에 관련된 정보가 포함되어 있거나 개인의 사생활이나 사업상 비밀에 해당하는 경우이거나, 다른 법률에 따라 공개가 제한되는 정보를 포함하는 경우이거나, 한국저작권위원회에 등록된 저작물로서 「국유재산법」에 따른 국유재산 또는 「공유재산 및 물품 관리법」에 따른 공유재산으로 관리되는 경우는 예외다. 따라서 질문과 같은 상황에서 해당 저작물의 저작재산권을 해당 부처가 소유하고 있고, 앞에서 말한 예외 상황에 적용되지 않는다면 도서관 보상금을 지불하지 않고 관내 전송이나 도서관 상호 간 전송뿐만 아니라 관외 전송 방식으로도 자유롭게 이용할 수 있다.

질문 52 비매품 정부간행물 출력에 대한 도서관 보상금

정부에서 비매품으로 발간하는 자료가 해당 기관의 도서관에 디지털화되어 있다. 다른 도서관 이용자가 이 자료를 출력하고자 할 때 도서관 보상금이 부과되는가?

답   경우에 따라 다르다.

「저작권법」 제31조 제5항에 따라 국가나 지방자치단체, 대학 등 「고등교육법」 제2조의 규정에 따른 학교가 저작재산권자인 저작물 중 비매용 자료는 도서관 보상금이 부과되지 않는다. 여기서 중요한 사항은 비매품이라는 사실보다 국가나 지방자치단체, 대학 등이 저작재산권자여야 한다는 점이다. 즉, 정부나 지방자치단체, 대학 등이 비매품으로 발간하는 자료 중에도 이들이 저작재산권을 소유하지 않는 저작물이 많다. 따라서 이런 경우라면 도서관 보상금이 부과된다. 물론 디지털 자료의 출력이나 도서관 상호 간 전송 등 도서관 보상금이 부과되는 이용행위가 발생했을 경우에 한해서다.

　질문의 상황에서 해당 비매품에 대한 저작재산권을 국가나 지방정부가 소유하고 있는 경우라면 도서관 보상금을 지불하지 않아도 된다. 또한 「저작권법」 제24조의2 제1항에 따른 공공저작물의 경우, 즉 국가나 지방자치단체가 업무상 작성해 공표한 저작물이거나 계약에 따라 저작재산권 전부를 보유한 저작물이면서 개인정보나 비밀 등 제24조의2 제1항 제1~4호에서 제시하고 있는 예외에 해당되지 않을 경우에는 도서관 보상금이 부과되지 않을 뿐만 아니라 관외 전송 등도 자유롭게 할 수 있다.

질문 53 비매품 자료의 출력에 대한 도서관 보상금

비매품인 자료가 다른 도서관에 디지털화되어 있다. 도서관 이용자에게 이 자료를 전부 출력해줄 수 있는가? 이 경우 도서관 보상금이 부과되는가?

답　　　　일반적으로 전부 출력할 수 없으며 도서관 보상금이 부과된다.
「저작권법」 제31조 제3항에 따라 도서관은 디지털화한 자료를 다른 도서
관으로 전송할 수 있다. 이를 도서관 상호 간 전송이라고 한다. 그러나 전
부 또는 일부가 판매용으로 발행된 경우, 도서관 상호 간 전송은 발행 후 5년
이 경과해야 가능하다. 질문과 같은 상황은 비매품 자료에 해당하므로 발
행 후 5년이 경과하지 않았다고 하더라도 도서관 상호 간 전송으로 열람
하고 출력할 수 있다. 그러나 「저작권법」 제31조 제1항 제1호, 즉 조사 및
연구를 목적으로 하는 이용자의 요청에 따라 도서 등의 일부분을 1인 1부
에 한해 제공해야 한다. 도서 등의 일부분이므로 정기간행물에 수록된 논
문 등의 기사는 그 1편이 곧 해당 간행물의 일부가 되므로 기사 1건을 모
두 출력할 수 있다.

　　도서관 보상금은 디지털자료의 도서관 상호 간 전송이나 그에 따른 출
력에 부과된다. 그러나 국가나 지방자치단체, 대학 등 「고등교육법」 제2조
의 규정에 따른 학교가 저작재산권자인 저작물 중 비매용 자료에 대해서
는 보상금이 부과되지 않는다. 이 질문에서 해당 저작물이 비매품임과 동
시에 저작재산권자가 국가 또는 지방자치단체, 대학 등 「고등교육법」
제2조의 규정에 따른 학교라면 보상금이 부과되지 않는다.

질문 **54** 　도서관 보상금이 분배되지 않은 저작물에 대한
　　　　　도서관 보상금 부과

도서관이 디지털화해 서비스하고 있는 저작물 중에서 도서관 보상금이 부
과되었지만, 권리자에게 이 보상금이 분배되지 않았을 경우 도서관은 보
상금을 더는 지불하지 않아도 되는가?

답　　　그렇지 않다.

「저작권법」제31조 제5항에서 정하고 있는 디지털화된 자료의 출력이나 도서관 상호 간 전송에 부과되는 보상금은 해당 자료의 이용에 의해 징수된 이전 보상금의 분배 여부와 무관하게 계속 부과되는 것이다.

이런 상황은 보상금이 분배되지 않은 저작물을 「저작권법」제50조에 근거해 저작재산권자 불명인 저작물로 사용하고자 할 때 "상당한 노력의 절차를 생략할 수 있다"는 규정과 혼동될 수 있다. 즉, 「저작권법 시행령」제18조 제2항은 교육목적 보상금과 도서관 보상금이 분배 공고일로부터 3년이 경과했음에도 분배되지 않을 경우에 「저작권법」제50조에 근거해 "상당한 노력의 요건을 충족"한 것으로 본다고 규정하고 있다.

따라서 만일 특정 자료를 디지털화한 도서관이 해당 자료에 대한 보상금을 납부했으나 이 보상금이 분배되지 않은 채 3년이 지났을 경우, 도서관이 「저작권법」제50조에서 요구하는 상당한 노력을 별도로 행하지 않아도 이 자료를 저작재산권자 불명인 자료로 보고 사용 승인을 신청할 수 있다.

그러나 단지 이미 납부한 보상금이 해당 자료에 분배되지 않았다는 이유만으로 보상금을 지불하지 않아도 되는 것은 아니다.

질문 **55**　도서관 보상금이 분배되지 않은 저작물 이용

도서관 보상금이 분배되지 않은 저작물은 저작재산권자 불명인 저작물이 되므로, 도서관에서 관외 전송을 비롯해 자유롭게 사용할 수 있는 것인가?

답　　그렇지 않다.

도서관으로부터 징수한 도서관 보상금은 한국복제전송저작권협회가 「도
서관 보상금분배규정」(2014.06.03 문화관광부 개정 승인)에 따라 분배하는데,
도서관 보상금을 분배한다는 공고를 한 날로부터 3년이 경과했음에도 보
상금을 찾아가지 않은 경우 미분배보상금 대상저작물이 된다. 이 저작물
은 「저작권법 시행령」 제18조 제1항에서 요구하는 상당한 노력의 절차를
수행하지 않더라도 저작재산권자 불명인 자료가 된다(「저작권법 시행령」 제
18조 제2항).

　　도서관 보상금 부과 대상저작물이 미분배보상금 대상저작물이 되었다
고 하더라도 도서관이 이 자료를 관외로 전송할 수 있는 것은 아니다. 이를
위해서는 법정허락승인신청 및 공고를 거쳐 보상금을 공탁해야 하고, 승
인 신청한 저작물 1건에 대해 1만 원의 수수료도 지불해야 한다.

4

상호대차용 복제 및 전송

질문 56 | 타 도서관에 동일 자료의 복제물 계속 제공

A 도서관이 B 도서관에 동일한 자료의 복제물을 반복적으로 제공할 수
있는가?

답   **가능하다.**

질문과 같은 상황은 도서관 상호대차에 의한 복제물 제공이라고 판단된다.
「저작권법」제31조 제1항 제1호에 의하면 도서관은 "조사·연구를 목적으
로 하는 이용자의 요구에 따라 공표된 도서등의 일부분의 복제물을 1인 1부
에 한하여 제공"할 수 있으나, 이 경우 디지털 형태로 제공할 수 없다.

이 규정은 복제 가능한 부수와 분량을 정하고 있지만, 동일 자료가 여

러 명의 이용자에게서 여러 번 요청되는 상황에 대해서는 규정하고 있지 않다. 따라서 특정 도서관이 반복적으로 다른 도서관에 복제물을 제공했다고 하더라도 이를 금지하는 별도의 규정이 없어 일견 허용되는 것으로 보인다. 다만 상호대차에 의한 복제물 제공은 일반적으로 요청한 도서관에서 해당 자료가 드물게 이용되기 때문에 구매해 소장하기 어려운 경우에 한다. 따라서 빈번히 이용되는 자료라면 상호대차에 의한 복제물 제공보다는 자관에서 구매해 서비스하는 것이 바람직하다.

질문 57 | 상호대차를 예상한 복제물 사전 제작

상호대차 요청이 자주 있을 것을 예상해 미리 여분의 복제본을 만들어놓는 것이 가능한가?

답   가능하지 않다.
「저작권법」 제31조 제1항 제1호에 의하면 도서관은 "조사·연구를 목적으로 하는 이용자의 요구에 따라 공표된 도서등의 일부분의 복제물을 1인 1부에 한하여 제공"할 수 있는데, 이 경우 디지털 형태로 복제할 수는 없다. 이 규정은 첫째, 복제하는 도서관에 해당 자료가 보관되어 있어야 하고, 둘째, 복제의 목적이 조사 또는 연구 등이어야 하며, 셋째, 이용자가 그 복제를 요구해야 하고, 넷째, 공표된 도서여야 하며, 다섯째, 도서 등의 일부분을 복제하는 것이어야 하고, 여섯째, 1인에게 1부만 제공할 수 있다는 여러 가지 조건을 동시에 충족할 것을 요구하고 있다.
　질문의 상황은 세 번째 요건, 즉 이용자가 복제를 요청해야 한다는 조건을 위반하고 있으므로, 제31조 제1항 제1호에 근거해 복제물을 제공할 수 없다. 따라서 해당 행위를 하기 위해서는 저작재산권자로부터 허락을 받아야 한다.

질문 58 상호대차용으로 요청할 수 있는 도서의 복제분량

도서의 한 개 장(章)을 복제해달라고 다른 도서관에 요청할 수 있는가? 상호대차를 통해 요청할 수 있는 도서의 복제분량은 어느 정도인가?

답 $\frac{1}{3}$ 이하 정도다.

도서관은 그 도서관에 보관된 도서를 사용해 "조사·연구를 목적으로 하는 이용자의 요구에 따라 공표된 도서등의 일부분의 복제물을 1인 1부에 한하여 제공"할 수 있는데, 이 경우 디지털 형태로 복제할 수는 없다(「저작권법」 제31조 제1항 제1호).

이 규정은 첫째, 복제하는 도서관에 해당 자료가 보관되어 있어야 하고, 둘째, 복제의 목적이 조사 또는 연구 등이어야 하며, 셋째, 이용자가 그 복제를 요구해야 하고, 넷째, 공표된 도서여야 하며, 다섯째, 도서 등의 일부분을 복제하는 것이어야 하고, 여섯째, 1인에게 1부만 제공할 수 있다는 여러 가지 조건을 동시에 충족할 것을 요구하고 있다.

질문은 이와 같은 여러 가지 요건 중 다섯째 조건, 즉 '일부분'이 어느 정도인지를 묻는 것이다. 「저작권법」은 일부분에 대해 규정하고 있지 않다. 도서의 종류에 따라 '도서 등의 일부분'을 특정하는 것이 곤란하기 때문이다. 국립중앙도서관의 「국립중앙도서관복제업무규정」 제6조에서는

"자료의 복제는 「저작권법」에 의거하여 부분 복제($\frac{1}{3}$)에 한하며"로 정하고 있다. '일부분'에 대한 명확한 규정이 없는 상황에서 국립중앙도서관의 $\frac{1}{3}$ 규정은 다른 도서관에서도 적용해볼 수 있는 근거가 될 것이다. 연속간행물의 경우 수록된 논문 1편을 전체 복사하더라도 "도서 등의 일부분"으로 볼 수 있다. 왜냐하면 일부분이라는 요건이 하나의 저작물이 아니라 도서에 적용되는 것이므로 연속간행물 한 호를 하나의 도서로 볼 때 그 안에 수록된 논문 1편은 도서의 일부분에 해당하는 정도다. 또한 도서의 한 개 장(章)이 $\frac{1}{3}$ 이하에 해당하는 분량이라면 '일부분'에 포함된다고 판단할 수 있다.

질문 59 상호대차 시, 시차를 달리해 동일 자료를 복제할 경우

상호대차 시 1명의 이용자가 시차를 달리해 동일 자료의 다른 부분을 복제해달라고 요청할 경우 복제물을 제공할 수 있는가?

답   **불가능하다.**

「저작권법」 제31조 제1항 제1호에 의하면 도서관은 그 도서관에 보관된 도서를 사용해 "조사·연구를 목적으로 하는 이용자의 요구에 따라 공표된 도서등의 일부분의 복제물을 1인 1부에 한하여 제공"할 수 있는데, 이 경우 디지털 형태로 복제할 수는 없다고 규정하고 있다.

이 규정에서 도서 등의 '일부분'으로 복제 가능한 부분을 제한하는 것은 구매를 대신할 수 있는 정도의 복제물이 제공되어서는 안 된다는 의미로 볼 수 있다. 따라서 체계적으로 시차를 달리하며 도서 한 권의 완성본을 만들 수 있도록 복제물을 제공하는 것은 제31조 제1항 제1호의 취지에 어긋난다고 볼 수 있다.

질문 **60** **상호대차를 통한 수업목적용 복제물 제공**

교사가 절판된 동영상 자료를 수업에 사용하려고 대출을 요청했다. 그러나 해당 자료가 도서관에 소장되어 있지 않다. 도서관은 이 자료를 다른 도서관으로부터 상호대차하거나 대여점에서 대여해 복제물을 제작한 후 이 복제물을 교사에게 제공할 수 있는가?

답 복제하거나 대출해줄 수 없다.

도서관이 이용자의 요구나 보존 목적 또는 다른 도서관의 요구에 따라 복제하거나 디지털화를 위해 복제하는 등 이 모든 경우에 복제의 대상이 되는 저작물은 그 도서관에 보관된 도서이지 잠시 빌려온 도서가 아니다. 따라서 질문의 상황에서 도서관은 설령 이용자의 요청이 있다고 하더라도 다른 도서관으로부터 상호대차를 통해 빌리거나 도서대여점 등에서 빌린 자료를 사용해 복제물을 제작할 수 없다.

그 대신 도서관은 해당 자료를 소장하고 있는 다른 도서관에 복제물을 제공해달라고 요청할 수 있으며, 요청받은 도서관은 복제물을 제공할 수 있다. 「저작권법」 제31조 제1항 제3호는 "다른 도서관 등의 요구에 따라 절판 그 밖에 이에 준하는 사유로 구하기 어려운 도서 등의 복제물을 보존용으로 제공하는 경우"에 도서관은 자관에 보관된 도서 등을 사용해 저작물을 복제할 수 있다고 규정한다. 그러나 이 경우라도 디지털 형태로 복제할 수 없다. 따라서 요청받은 도서관은 해당 동영상 자료를 비디지털 형태로 복제해 요청한 도서관에 제공할 수 있다. 또한 요청한 도서관은 제공받은 비디지털 형태의 동영상 자료를 그 도서관에 보관된 다른 도서와 동일하게 대출이나 복제 등의 서비스에 사용할 수 있다.

질문 61 | 온라인 학술지의 상호대차 가능 여부

온라인 학술지 계약서에 상호대차가 언급되어 있지 않아도, 상호대차가 가능한 것으로 볼 수 있는가?

답　　가능하다.

도서관 등에서의 복제를 규정하는 「저작권법」 제31조 제1항 제1호에 의하면 도서관은 그 도서관에 보관된 도서를 "조사·연구를 목적으로 하는 이용자의 요구에 따라 공표된 도서등의 일부분의 복제물을 1인 1부에 한하여 제공"할 수 있다. 다만 이 경우라도 디지털 형태의 복제물로 제공할 수는 없다.

　온라인 학술지라면 이미 공표된 것이고, 일반적으로 학술지에 대한 상호대차는 논문 단위의 복제물 제공으로 이루어지기 때문에, 일부분의 복제라는 요건도 충족한다. 온라인 학술지는 일반적인 도서관 자료처럼 서가나 서고에 물리적인 형태로 보관된 것은 아니다. 그러나 '도서관에 보관된 도서'라 함은 이용자가 외부에서 가지고 온 자료이거나 잠시 빌린 자료가 아니라는 뜻이다. 따라서 온라인 학술지도 '보관된 도서'라는 요건을 충족한다고 볼 수 있다. 또한 제31조 제1항 제1호에서 '이용자'란 반드시 복제가 행해지는 그 도서관의 이용자로 제한된 것만은 아니다. 즉, 상호대차를 신청한 도서관의 이용자가 조사, 연구를 목적으로 복제물을 요청하고 이를 사서가 접수해 다른 도서관에 신청하는 것도 제31조 제1항 제1호의 이용자 요구라는 요건을 충족하는 것이다. 따라서 이용자의 요구가 있고, 1인에게 1부만 비디지털 형태의 복제물로 제공된다면, 설령 계약서에 해당 사항이 존재하지 않더라도 「저작권법」에 따라 온라인 학술지에 대한 상호대차 원문 복사서비스는 가능하다.

질문 62 이메일을 이용한 상호대차 가능 여부

이메일을 사용해 상호대차 하는 것은 가능한가? 상호대차 시 한쪽 도서관의 사서가 이메일로 파일을 전송해 다른 쪽 사서가 출력한 후 즉시 그 파일을 삭제하고, 이용자에게는 출력물을 제공하는 것이 가능한가?

답   가능하다.
「저작권법」 제31조는 이용자의 요구에 따라 도서관이 복제하거나(제31조 제1항) 다른 도서관의 요구에 따라 절판된 자료를 복제해줄 경우(제31조 제3항) 디지털 형태로 복제물을 제공할 수 없다고 규정한다. 질문과 같은 경우는 이메일로 보낸 복제물을 이용자에게 파일 형태로 제공하는 것이 아니라 출력해 제공하는 것이므로 가능하다.

그런데 이와 같은 도서관 간의 이메일 혹은 Ariel 시스템(원문 전송 시스템)을 통한 상호대차는 일견 「저작권법」 제31조 제3항에서 정하고 있는 도서관 간 전송에 해당된다고 볼 수도 있다. 만일 이것을 도서관 간 전송으로 본다면 전송 대상 자료 중 판매용 저작물의 경우는 발행일로부터 5년 후에 복제 및 전송할 수 있으며, 그에 따른 보상금도 지급해야 한다. 그러나 도서관 상호대차는 비교적 최신 자료에 대한 요구가 많으므로, 이 규정을 적용할 경우 상호대차 서비스에 상당한 어려움이 발생하게 된다.

도서관 보상금 징수 단체인 한국복제전송저작권협회와 한국대학도서관연합회는 Ariel 시스템이나 이메일 등 도서관 간 전송 방식의 상호대차일 경우 도서관 간에 디지털 파일을 전송할 수 있도록 하되 최종 이용자에게는 이를 출력해 제공하고, 이에 대해 보상금을 부과하지 않도록 협정을 맺어 서비스하고 있다.

질문 63 상호대차로 받은 복사본을 도서관에서 소장하는 경우

상호대차를 통해 받은 논문 복사본을 도서관이 소장해도 되는가?

답   안 된다.

도서관이 다른 도서관으로부터 보존용 복제물을 제공받을 수 있는 경우는 해당 자료가 절판 및 그에 준하는 사유로 구하기 어려운 도서일 경우로 한정된다(「저작권법」 제31조 제1항 제3호). 일반적으로 상호대차 대상이 되는 자료가 절판된 자료는 아닐 것으로 판단된다. 따라서 질문과 같은 상황에서 상호대차의 목적이 이용자 요구에 따라 다른 도서관에 복제본을 요청한 것이므로, 복제본은 이용자에게 전달하는 것이 적절하다고 판단된다.

자주 대출되는 자료일 경우 다른 도서관으로부터 전권(全卷) 복제본을 얻어도 되는가?

답   안 된다.

「저작권법」 제31조 제1항 제3호에 근거해 어떤 도서관이 다른 도서관의 요청에 따라 자료 전체의 복제본을 제공할 수 있는 경우는 해당 자료가 절판 및 그에 준하는 사유로 구하기 어려울 때이다. 자주 대출되는 자료라면 구입을 통해 자관 장서로 확충해야 한다.

질문 **65** 다른 도서관의 요청에 따라 일부분 복제물을 이용자에게 전송하는 경우

다른 도서관의 요청에 의해 소장한 자료의 일부분을 디지털 파일로 만들어 이용자에게 제공할 수 있는가?

답   제공할 수 없다.

국내 「저작권법」에서 상호대차를 포함해 도서관 간의 복제 및 전송에 대해 정하고 있는 규정은 제31조 제1항 제3호와 제3항이다. 제1항 제3호는 다른 도서관의 요구에 따라 절판된 자료를 복제해줄 경우이며, 이 경우 디지털 형태로 복제할 수 없다고 정하고 있다. 또한 제3항에서는 "도서관등은 컴퓨터를 이용하여 이용자가 다른 도서관등의 안에서 열람할 수 있도

록 보관된 도서등을 복제하거나 전송할 수 있다. 다만, 그 전부 또는 일부가 판매용으로 발행된 도서등은 그 발행일로부터 5년이 경과하지 아니한 경우에는 그러하지 아니하다"라고 규정하고 있다.

질문과 같은 상황을 제31조 제1항 제3호와 관련지어볼 때 '다른 도서관의 요청'이 설령 절판된 자료에 대한 것이라 할지라도 디지털 파일로 복제해 제공하는 것까지 허용하고 있지는 않다. 또한 제3항과 관련지어 보더라도 "타 도서관 등의 안에서 열람"할 수 있도록, 즉 화면상으로 볼 수 있도록 전송할 수 있는 것이지 디지털 파일로, 이용자에게 제공하는 것을 허용하는 것은 아니다.

따라서 도서관 보상금 징수 단체인 한국복제전송저작권협회와 한국대학도서관연합회는 도서관 간 디지털 네트워크 방식의 상호대차일 경우 도서관 간에 디지털 파일을 전송할 수 있도록 하되, 최종 이용자에게는 이를 출력해 제공하고 이에 대해 보상금을 부과하지 않도록 협정을 맺어 서비스하고 있다.

질문 66 | Ariel 시스템을 사용한 논문 전문 전송

상호대차를 위해 Ariel 시스템을 통해 정기간행물의 기사 1편을 복제해 전달할 수 있는가?

답   최종 이용자에게 출력물 형태로 전달할 수 있다.
「저작권법」 제31조 제1항 제1호는 이용자 요구에 따라 1인 1부 보관된 도서 등의 제한된 부분을 제공하되, 디지털 복제물을 제공할 수 없다고 정하고 있다. 또한 제31조 제3항은 판매용 자료의 경우 출판된 지 5년이 경과한 후에 도서관 간 전송을 할 수 있으며, 전송 및 출력에 따른 보상금도 지불하도록 되어 있다.

그런데 상호대차는 최신 자료에 대한 복제 요청인 경우가 많으며, 디지털 도서관 구축을 위해 제정한 제31조 제3항의 보상금 규정을 상호대차에 그대로 적용하는 것도 적절하지 않다.

따라서 도서관 보상금 징수 단체인 한국복제전송저작권협회와 한국대학도서관연합회는 도서관 간 디지털 네트워크 방식의 상호대차일 경우, 도서관 간에 디지털 파일을 전송할 수 있도록 하되 최종 이용자에게는 이를 출력해 제공하고 이에 대해 보상금을 부과하지 않도록 협정을 맺어 서비스하고 있다.

질문 67 팩시밀리를 사용한 상호대차

팩시밀리를 사용해 상호대차 하는 것은 가능한가?

답   가능하다.

팩시밀리를 사용해 상호대차 하는 것은 우편에 의한 상호대차 서비스와 차이가 없다. 따라서 이용자 요구에 의해 도서 등의 일부분을 1인 1부 제공할 수 있도록 한 규정(「저작권법」 제31조 제1항 제1호)에 따라 복제물을 제공할 수 있다. 팩시밀리를 통해 상호대차를 하는 것은 복제물을 전달하는 과정이 편리해졌다는 것일 뿐 그 복제물이 인쇄본 형태로 이용자에게 전달되므로, 전송 등의 방법으로 불법적인 재사용이 이루어질 가능성과 그로 인해 저작재산권자가 입을 재산적 손실의 가능성이 거의 없다.

질문 **68** 상호대차 자료를 수업 지정자료로 활용할 경우

도서관에 소장하고 있지 않은 학술지에 수록된 논문 1편을 교수가 수업의 지정도서로 정하려고 한다. 교수의 요청에 따라 다른 도서관에 해당 논문의 복제본을 상호대차로 1부 제공받은 후, 이를 해당 수업을 위한 지정도서로 정할 수 있는가?

답   가능하지 않다.
일반적으로 특정 수업에 빈번히 사용되는 자료를 지정도서로 설정하는 것은 특정인에게 대출해주지 않고 가능한 한 그 수업의 수강생들이 모두 그 자료를 이용할 수 있도록 하기 위함이다. 여러 학생이 빈번히 이용하므로 도서관은 지정도서로 설정된 도서를 1부 이상 구매해 소장하게 된다.

상호대차는 이용자가 요구하는 자료가 자관에 소장되어 있지 않을 때 이를 다른 도서관으로부터 대출 또는 복제물을 요청해 이용자에게 제공하는 것이다. 질문의 상황은 이와 같은 일반적인 상호대차 서비스가 아니라 오히려 도서관이 다른 도서관에 지정도서용 복제물을 요청하는 형식이다. 따라서 이는 상호대차용 복제물 요청으로 보기 어렵다. 오히려 「저작권법」 제31조 제1항 제3호의 다른 도서관의 요청에 따른 보존용 복제물 제공과 관련된다. 그런데 이 규정은 절판 등 구하기 어려운 자료에만 적용된다. 일반적으로 구할 수 있는 자료이고, 그 자료를 도서관에 보관해두어야 한다면, 이는 다른 도서관에 요청해 복제할 것이 아니라 구매해 보관해두고 이용자에게 서비스해야 하기 때문이다.

질문과 같은 경우에 설령 이용자가 복제물 요청을 했더라도, 궁극적으로 그 복제물은 도서관에 보관해 이용자들에게 서비스하기 위한 것이다. 따라서 이런 경우라면 도서관이 해당 자료를 구매해 지정도서로 설정하는 것이 맞다.

그런데 이 자료가 학술지 논문이므로 이를 개별적으로 구입할 수 없는 상황이라면 상호대차로 제공받은 해당 논문 1편을 교수에게 제공한 후 교수가 해당 학술논문을 학생 수만큼 복제해 수업에서 학생들에게 배포할 수 있다고 안내하는 것이 적절하다. 단, 교수가 대학에서 수업목적으로 저작물을 복제할 경우에는 문화체육관광부 장관이 정해 고시하는 기준에 따라 해당 저작재산권자에게 보상금을 지급하도록 되어 있다(「저작권법」 제25조 제4항).

질문 69 상호대차를 위해 정기간행물을 자체 DB로 제작할 경우

상호대차를 좀 더 수월히 하기 위해 정기간행물을 DB로 만들어도 되는가?

답   몇 가지 조건을 준수할 경우 가능하다.
도서관이 보관하고 있는 저작물은 그 종류를 불문하고 「저작권법」 제31조의 규정에 따라 자체적인 보존이나 이용자 서비스를 위해 복제할 수 있다. 또한 그 서비스의 범위나 방법 역시 「저작권법」 제31조의 엄격한 요건을 모두 충족해야 한다. 소장하고 있는 정기간행물을 DB로 구축하기 위해서는 해당 정기간행물이 이미 디지털 형태로 제작이 되어 판매되고 있는지를 가장 먼저 살펴봐야 한다. 「저작권법」 제31조 제4항은 해당 도서 등이 이미 디지털 형태로 제작되어 판매되고 있을 경우에는 도서관이라고 하더라도 그 면책을 인정받을 수 없도록 규정하고 있기 때문이다.

또한 DB로 구축된 저작물을 해당 도서관 관내에서 서비스할 경우에는 동시 사용자 수의 제한에 따라 도서관이 소장하고 있는 부수만큼만 이용자가 동시에 사용할 수 있도록 그 사용을 제한해야 한다. 아울러 다른 도서관 안에서 이용할 수 있도록 제공할 경우, 판매용 도서 등은 발행 후 5년이 경과된 도서 등으로 그 범위를 제한해야 한다. 물론 이 경우에는 저작물의 복제와 전송에 따르는 보상금을 권리자에게 지불하고 저작물을 이용해야 한다.

5

장서 관리와 자료대출

질문 **70** **미간행자료를 수집해 제공할 경우**

도서관이 출판되지 않은 자료를 수집해 서비스에 활용할 경우 저작권 문제가 발생하는가?

답   저작자가 직접 기증한 것이라면 발생하지 않는다.

출판되지 않은 자료는 미공표저작물이다. 미공표저작물을 도서관에서 복제 및 배포할 경우 공표권 침해 문제가 발생할 수 있다. 그러나 공표하지 않은 저작물을 저작자가 제31조의 적용대상이 되는 도서관 등에 기증했을 때 별도의 의사를 표시하지 않는 한 기증 시 공표에 동의한 것으로 추정한다(「저작권법」 제11조 제5항). 이에 따라 출판되지 않은 미공표저작물의 복제 및 전송 서비스도 다른 저작물과 동일하게 이루어질 수 있다.

질문 71 TV 프로그램을 녹화해 서비스할 경우

도서관이 TV에서 방영되는 프로그램을 녹화한 뒤 이용자들에게 이용하도록 제공하는 것은 「저작권법」에 위배되는가? 교사가 TV 프로그램을 녹화한 자료를 도서관에 제공했을 경우, 도서관 장서에 포함시켜도 되는 것인가?

답   위배된다.

공표된 저작물은 "영리를 목적으로 하지 아니하고 개인적으로 이용하거나 가정 및 이에 준하는 한정된 범위 안에서 이용하는 경우"(「저작권법」제30조)에만 복제할 수 있다. 따라서 사서이든 교사이든 TV에 방영되는 프로그램을 개인적으로 혹은 집에서 사용하기 위해 복제할 수 있다.

그러나 질문의 상황은 모두 비영리 목적으로 복제하기는 했지만, 그 복제물을 도서관에 기증했으므로 "가정 및 그에 준하는 한정된 범위" 안에서 이용해야 한다는 조건을 충족하지 못한다. 따라서 이 두 경우 모두 제30조에서 정한 사적이용을 위한 복제 범위를 벗어난다고 할 수 있다. 이 경우 TV 프로그램 복제물을 구입해 사용하거나 저작재산권자로부터 복제에 대한 허락을 받아야 할 것이다.

대학의 교수가 외부에서 개인적으로 구입한 영상저작물의 복제본을 직접 제작해 도서관에 기증한 후 수업자료로 지정해달라고 하는데 가능한가?

답   **가능하지 않다.**

「저작권법」제30조는 "공표된 저작물을 영리를 목적으로 하지 아니하고 개인적으로 이용하거나 가정 및 이에 준하는 한정된 범위 안에서 이용하는 경우에는 그 이용자는 이를 복제"할 수 있다고 정하고 있다. 단, 공중이 사용하는 복사기기에서는 복제할 수 없다. 질문의 경우에 교수가 영상저작물을 개인적으로 사용하는 복사기기로 복제했다고 하더라도 해당 자료를 도서관 자료로 기증한 뒤 수업 지정자료로 활용한다면 "개인적으로 이용하거나 가정 및 이에 준하는 한정된 범위"를 벗어난 것이다.

또한 「저작권법」제124조 제2항에 "저작권 그 밖에 이 법에 따라 보호되는 권리를 침해하는 행위에 의해 만들어진 물건(제1호의 수입물건을 포함한다)을 그 사실을 알고 배포할 목적으로 소지하는 행위"는 저작권 침해행위가 된다고 규정하고 있다. 따라서 질문처럼 교수가 개인 및 가정에 준하는 한정된 범위를 벗어나 이용하려는 목적으로 복제했을 경우에는 사적복제의 범위를 넘어선 것이므로, 저작권 침해 가능성이 있는 저작물이 될 수 있다. 이런 저작물을 도서관이 대출 등을 목적으로 기증받는 것은 「저작권법」제124조 제1항2 "저작권 그 밖에 이 법에 따라 보호되는 권리를 침해하는 행위에 의하여 만들어진 물건(제1호의 수입물건을 포함한다)을 그 사실을 알고 배포할 목적으로 소지하는 행위"에 해당될 수 있다.

그러나 만일 교수가 자신의 특정 수업을 위해 영상저작물의 '일부분'을 복제물로 만들었고, 이 복제물을 도서관이 다른 목적으로 사용하지 않고 해당 수업을 듣는 학생에게만 제공하기 위해 일시적으로 관리를 대행해준 다면 이는 「저작권법」제25조 '학교교육 목적 등에의 이용' 제2항의 규정 에 따라 가능한 행위라고 보인다. 다만 이 경우 「저작권법」제25조 제4항 "저작물을 이용하려는 자는 문화체육관광부장관이 정하여 고시하는 기준 에 따른 보상금을 해당 저작재산권자에게 지급하여야 한다"는 규정에 의 거해 수업목적용 보상금을 저작재산권자에게 지급해야 한다.

질문 73 개인용과 강사용으로 구분된 DVD를 구매할 경우

개인용과 강사용으로 구분해 판매되고 있는 DVD가 있을 경우 도서관은 어떤 것을 구매해 대출서비스를 해야 하는가?

답 둘 다 가능하다.

「저작권법」은 저작물이 복제, 공연, 공중송신, 전시, 배포, 대여, 2차적 저 작물 작성의 방식으로 사용되는 것에 대한 권리를 정하고 있을 뿐 이용자 가 어떤 저작물을 구매해야 한다는 사항까지 정하고 있지 않다. 또한 도서 관의 자료 대출서비스는 최초 판매의 원칙에 근거해 대여권이 미치지 않 는 이용행위다.

따라서 어떤 용도의 DVD를 구매하는가는 도서관의 수서정책에 따라 결정해야 할 문제일 뿐 「저작권법」상의 문제는 아니다.

합법적으로 구매한 전자자원일 경우(학술지 논문 같은), 최초 판매의 원칙에 의거해 기증 또는 판매할 수 있는가? 고등학교 도서관 같은 비영리 도서관이 사용하던 소프트웨어를 다른 도서관에 기증해도 되는가?

답   가능하다.

도서관은 그 기관 이용자가 학술지 등의 전자자원을 제공하는 업체의 서버에 일정한 조건하에서 접근할 수 있도록 라이선스 계약을 한다. 이런 방법으로 구독하고 있는 전자자원이라면 기증이나 판매 가능한 실물이 존재하지 않는 상황이다. 그러나 CD 등에 수록된 전자자원을 구매해 도서관이 소장한 경우라면 최초 판매의 원칙에 의거해 저작물을 기증 또는 판매할 수 있다. 소프트웨어도 마찬가지다.

라이선스를 체결해 전자저널을 서비스하고 있는 도서관이 이 자료를 재유포 혹은 재가공할 수 있는가?

답   계약 내용에 따라 다르다.

라이선스는 저작물 공급자와 저작물 이용자 사이에 체결되는 일종의 사적 계약이다. 사적 계약이라 함은 「저작권법」의 일반적인 내용의 범위를 벗어나는 좀 더 구체적이고 세밀한 사항에 대한 이용허락이 거래 당사자 간의 합의를 통해 도출이 가능함을 의미한다. 따라서 이 경우에는 저작물의 재유포나 재가공이 필요한 범위나 요건을 좀 더 상세하고 구체적으로 확인해 저작물 공급업체와 라이선스 계약을 체결할 때 계약의 내용에 포함시켜야 한다. 계약의 내용에 포함이 되어 있고, 양 당사자 간에 합리적인 방식에 의해 계약이 체결이 되었다면 원하는 방식으로의 저작물 이용은 얼마든지 가능하다.

질문 **76** 전자책의 서비스 범위

우리 도서관이 구독하고 있는 전자책을 다른 지역의 이용자들에게도 이용하게 할 수 있는가?

답   계약 조건에 따라 다르다.
「저작권법」 제31조 제2항에 따르면 도서관은 컴퓨터를 이용해 이용자가 그 도서관 등의 안에서 열람할 수 있도록 보관된 도서 등을 복제하거나 전송할 수 있다. 전자책을 이용하는 행위는 저작물의 복제와 전송을 수반한다. 자관 이용자이든 타관 이용자이든 그 도서관에 방문한 이용자라면 도서관 내에서 해당 전자책을 화면으로 볼 수 있다. 또한 이에 따른 보상금이 부과되는 것도 아니다. 그러나 집이나 사무실 등 도서관 밖에서 도서관의 전자책을 이용하려면 저작권자로부터 허락이 필요하다. 전자책 구매 시 도서관은 전자책 제공업자와 이용허락 계약을 체결하는데, 이때 이용자의 범위나 이용의 범위를 어떻게 설정했느냐에 따라 도서관 밖에서의 이용, 다른 지역 이용자의 이용 가능 여부가 달라진다.

대학도서관이다. 본교 교수가 수업에 필요하다고 하여 외국의 사례 보고서를 요청해 1부를 다운로드받은 후 출력해 교수에게 전달했다. 그런데 이 자료의 커버에 1부만 출력할 수 있고 여러 부를 복제해 수업에 사용할 경우 학생 수만큼 구매해야 한다고 표기되어 있다. 이 교수는 우리나라 「저작권법」 제25조에 따라 수업목적용 복제물을 학생 수만큼 제작할 수 있는가?

답   제작할 수 있다.

다만 일부분 복제만 가능하다. 「저작권법」 제25조 제2항은 "「유아교육법」, 「초·중등교육법」 또는 「고등교육법」에 따른 학교, 국가나 지방자치단체가 운영하는 교육기관 및 이들 교육기관의 수업을 지원하기 위하여 국가나 지방자치단체에 소속된 교육지원기관은 그 수업 또는 지원 목적상 필요하다고 인정되는 경우에는 공표된 저작물의 일부분을 복제·배포·공연·전시 또는 공중송신할 수 있다"라고 규정하고 있다. 따라서 질문과 같은 상황은 대학의 수업에서 저작물을 사용하는 것이므로, 제25조 제2항에서 정한 교육기관의 수업에 해당한다. 다만 질문의 사례보고서가 공표된 저작물이어야 하며, 사례 보고서의 일부분만 복제해 학생들에게 제공해야 한다.

　간혹 저작물의 표지나 커버에 저작재산권 제한규정에서 이미 보장된 이용을 제한하는 문구가 있는 경우가 있다. 이는 이미 「저작권법」에서 교육목적이나 공익 또는 복지 등의 차원에서 저작재산권을 제한하는 것이 마땅해 정한 사항이므로, 저작물의 저자가 자신의 의지에 따라 이를 무력화할 수 없다.

질문 **78** 인터넷 자료를 다운로드하거나 서버에 저장한 후 서비스할 경우

인터넷에서 자유롭게 이용할 수 있는 PDF 파일을 링크로 제공하면 사라지기 쉬우므로 다운로드해 서버에 보존용으로 저장하고, 이용자에게 전송 서비스를 하려고 한다. 가능한가?

답   일반적으로 저작재산권자에게 허락을 받아야 한다.
대상저작물에 CCL과 같이 사전에 저작물 이용허락에 관한 조건이 표시된 경우이고, 그 제시된 조건이 저작물의 복제와 전송을 허용하는 것이라면 허락 없이도 이용할 수 있다. 그렇지 않다면 저작재산권자의 동의가 필요하다. 해당 저작물을 다운로드하여 저장하는 행위를 통해 저작물의 복제가 일어나고, 이용자 서비스를 통해 전송이 발생하기 때문에 저작물의 복제와 전송에 대해서는 저작권자의 허락을 받아야 한다.

질문 **79** 교육목적용으로 인터넷 자료를 다운로드해 저장한 후 제공

웹상에 있는 자료를 다운로드해서 도서관 서버에 저장한 뒤 학습자료로 보존할 수 있는가?

답　　　그렇지 않다.

웹상에서 제공하는 자료라고 해서 저작권과 상관없이 마음대로 이용할 수 있는 것은 아니다. 해당 자료를 다운로드받아서 도서관 서버에 저장하는 행위는 명백한 복제로 저작권자의 허락이 필요하다. 다만 저작권이 소멸되어 이미 공중의 영역에 포함이 된 저작물은 누구라도 마음대로 저작물을 이용할 수 있으며, 저자가 CCL과 같은 저작물 이용허락 조건을 사전에 제시한 경우라면 그 조건 내에서 자유롭게 이용할 수 있다.

질문 80 | 학위논문 저자가 열람서비스 제외 요청을 할 경우

저자가 자신의 학위논문을 전자도서관 및 모든 열람에서 제외시켜달라고 요청을 했을 경우 도서관은 저자의 요구를 수용해야 하는가?

답　　　경우에 따라 다르다.

만일 학위논문의 저자가 졸업 요건으로 학위논문을 도서관에 기증한 것이라면 「저작권법」 제11조 제5항 저작자가 도서관 등에 기증 시 공표에 동의한 것으로 본다는 규정에 따라 도서관은 학위논문을 공표된 저작물과 동일한 방식으로 서비스할 수 있다. 즉, 이 경우라면 학위논문의 저자는 열람이나 대출에 대한 제외 요청을 할 권리는 없다.

　　그러나 도서관이 그 학위논문의 저작자로부터 기증을 받지 않고 다른 경로로 이를 입수했고, 그 학위논문은 여전히 공표된 자료가 아닐 경우 도서관의 열람서비스 제공은 저작자의 공표권을 침해할 수 있다. 따라서 이런 상황에서 학위논문 저작자가 열람 제외 요청을 했다면 이는 공표권을 가진 저자로서 정당하게 주장할 수 있는 권리이므로 도서관은 저자의 요구를 수용해야 한다.

도서관이 소장하고 있는 음악 CD, 낭독 CD, 게임 CD, DVD 등 시청각 자료와 프로그램 소프트웨어를 대출해주는 것이 가능한가? 시청각 자료 내부에 "복제도, 대출도 불가"라는 경고문이 있어도 대출해줄 수 있는가? 딸림자료일 경우에도 대출이 가능한가? 또한 악보, 잡지, 지도 등의 자료도 대출해줄 수 있는가? 대출해줄 수 있는 자료의 수가 제한되는가?

답　　모든 경우에 대출이 가능하며, 대출자료의 수 제한은 「저작권법」과 무관하다.

도서관이 출판된 자료를 구입이나 기증 등의 방법으로 입수했다면 도서자료 이외의 자료들 흔히 도서관에서 비도서자료라고 불리는 자료들도 모두 대출이 가능하다. 「저작권법」 제20조 '배포권'에 의하면 저작자는 저작물의 원본이나 그 복제물을 배포할 권리가 있다. 그러나 저작물의 원본이나 그 복제물이 해당 저작재산권자의 허락을 받아 판매 등의 방법으로 거래에 제공된 경우에는 배포권을 더는 행사할 수 없다. 그런데 「저작권법」 제21조는 저작자에게 상업용 음반과 프로그램을 영리를 목적으로 대여할 권리, 즉 대여권을 부여하고 있다. 예를 들면 도서대여점 등에서 상업용 음반 및 프로그램을 영리를 목적으로 대여해주는 것에 대해 저작재산권자는 대여권을 행사할 수 있다. 그러나 도서관이 자료를 대출해주는 것은 영리 목적이 아니므로 대여권이 적용되는 행위라고 볼 수 없다.

따라서 도서관은 상업용 음반 및 프로그램, 악보, 지도 등의 비도서자료를 대출해줄 수 있다. 이 자료가 딸림자료 형태로 입수되었다 하더라도 「저작권법」상 다르게 취급할 이유가 없다. 대출자료의 수를 제한하는 것 또한 「저작권법」과 무관하다. 이는 단지 도서관의 대출서비스 정책의 문제일 뿐이다.

질문 82 영리를 목적으로 한 이용자의 대출 요청

이용자가 도서관에서 음악 CD를 대출해 복제했는데, 그 행위가 영리를 목적으로 하는 제3자를 대리한 행위였음을 도서관이 알게 되었다. 도서관은 그 이용자에게 음악 CD를 계속 대출해줄 수 있는가?

답   대출해줄 수 있다.

이 질문은 도서관에서 대출한 자료의 불법적 사용에 대해 도서관에 책임이 있는지를 묻는 것이다. 도서관은 소장자료를 이용자들에게 대출한 뒤 그 자료가 이용자들에 의해 불법적으로 사용되는지를 일일이 확인하기 어렵다. 따라서 「저작권법」은 대출된 자료의 불법적인 이용에 대해서는 도서관에 책임을 지우지 않는다. 다만 도서관은 대출서비스 규정을 통해, 「저작권법」을 준수하는 범위 내에서 서비스를 이용하도록 독려해야 한다.

학부모가 자녀 학교의 체육대회와 다양한 학생 참여 행사를 촬영한 동영상 자료를 학교도서관에 기증했다. 도서관은 이 자료를 도서관 내에서 시청할 수 있도록 상영하거나 대출해줄 수 있는가?

답   **가능하다.**

이 질문은 도서관에 소장된 미공표저작물을 일반적인 공표 자료와 동일하게 열람 및 시청에 제공하거나 대출해줄 수 있는지를 묻는 것이다. 「저작권법」 제11조 '공표권'에 근거해 저작자는 자신의 저작물을 공표하거나 공표하지 않을 것을 결정할 권리를 가진다. 여기서 공표란 "저작물을 공연, 공중송신 또는 전시 그 밖의 방법으로 공중에게 공개하는 경우와 저작물을 발행하는 경우"를 말한다(「저작권법」 제2조의25). 그런데 「저작권법」 제11조 제5항은 "공표하지 아니한 저작물을 저작자가 제31조의 도서관등에 기증한 경우 별도의 의사를 표시하지 않는 한 기증한 때에 공표에 동의한 것으로 추정한다"고 규정하고 있다.

  질문의 상황에서 동영상 자료의 저작자는 이를 촬영한 학부모이며, 이 저작물은 앞에서 정의한 공표가 아직 이루어지지 않았다고 볼 수 있다. 즉, 미공표저작물인 것이다. 도서관에서 공중을 대상으로 한 영상자료의 상영이나 대출은 곧 공표 행위에 해당하지만, 제11조 제5항에 의거해 동영상을 촬영한 학부모가 학교도서관에 본 자료를 기증하는 동시에 공표에 동의한 것으로 추정하므로, 학교도서관은 기증받은 미공표 영상저작물을 이용자들이 시청할 수 있게 제공하거나 대출해줄 수 있다.

6

비영리 목적의 공연

복수의 이용자가 동시에 영상저작물을 열람할 경우

2~3명의 학생이 도서관에서 빌린 DVD를 도서관의 그룹 영화 감상실에서 같이 시청하고 싶어 한다. 「저작권법」이 허용하는 범위인가?

답   이견이 존재한다.

도서관이 개인 열람석 혹은 2~3인 열람석에서 영상저작물을 시청하도록 서비스하는 것이 「저작권법」상 공연에 해당하는지에 대해서는 이견이 있다.

만일 이와 같은 시청 행위가 공연에 포함된다면 「저작권법」 제29조 제2항과 「저작권법 시행령」 제11조 제8항에 의거해 발행된 지 6개월이 지나

지 않은 상업용 영상저작물일 경우에는 저작권자에게 허락을 얻어 사용해야 한다. 그러나 이와 같은 시청 행위가 공연에 포함되지 않는다면 도서관은 저작권자로부터 허락을 받을 필요 없이 이용자에게 자유롭게 서비스할 수 있다.

「저작권법」에서 공연이란 "저작물 또는 실연·음반·방송을 상연·연주·가창·구연·낭독·상영·재생 그 밖의 방법으로 공중에게 공개하는 것을 말"한다(「저작권법」 제2조의3). 공중에게 공개한다는 것은 불특정 다수 또는 특정 다수에게 공개하는 것을 말한다. 일반적으로는 1인이나 2~3인을 불특정 다수나 특정 다수라고 하지는 않는다. 그러나 노래연습장에서의 이용행위에 대한 대법원의 판례는 반드시 같은 시간에 같은 장소에 모여 있지 않다 하더라도 불특정 또는 다수인에게 공개하는 것도 "공중에게 공개하는 것"이라고 보았다(대법원 1996.3.22. 선고 95도1288 판결). 이런 판례에 따르면 지속적으로 이루어지는 2~3인석에서의 시청 서비스도 공연으로 볼 여지가 있다.

그러나 한국영화배급협회(구 한국영상산업협회)의 '사용료 징수규정'에 개인 열람석이나 2~3인 열람석에서의 시청에 대한 징수 조항은 따로 없다. 정부(문화체육관광부는 '사용료 징수규정'의 승인 권한을 가지고 있다)는 개인 열람석에 대한 공연 사용료에 대해 미온적인 태도를 보이고 있다.

질문 85 공공도서관 내에서 영상 DVD를 열람할 경우

공공도서관은 학생들이 개인 열람석에서 DVD를 시청할 수 있도록 서비스할 수 있는가?

답　　　이견이 존재한다.

이 질문은 개인 열람석에서 DVD 시청이 「저작권법」상 '공연'에 포함되는가 그렇지 않은가에 따라 답변이 달라진다. 만일 이 행위가 '공연'에 포함된다면 「저작권법」 제29조 제2항과 「저작권법 시행령」 제11조 제8항에 따라 발행된 지 6개월이 경과한 DVD만 시청하도록 제공할 수 있다. 그러나 '공연'에 포함되지 않는다면 발행 시점과 무관하게 시청에 제공할 수 있다.

「저작권법」 제17조는 저작자에게 자신의 저작물을 공연할 권리를 부여하고 있다. 공연이란 "저작물 또는 실연·음반·방송을 상연·연주·가창·구연·낭독·상영·재생 그 밖의 방법으로 공중에게 공개하는 것을 말"한다(「저작권법」 제2조의3). 공중에게 공개한다는 것은 불특정 다수 또는 특정 다수에게 공개하는 것이다.

1인이 개인 열람석에서 DVD를 시청하는 것은 불특정 다수나 특정 다수에게 공개하는 것이 아니므로 공연이 아니라고 볼 수도 있지만, 이에 대해 이견도 존재한다. 노래연습장에서의 이용행위에 대한 대법원의 판례에 의하면 반드시 같은 시간에 같은 장소에 모여 있지 않다 하더라도 불특정 또는 다수인에게 공개하는 것도 '공중에게 공개하는 것'이라고 보았다(대법원 1996.3.22. 선고 95도1288 판결). 이러한 판례에 따르면 DVD 시청은 노래연습장에서의 이용과 같은 공연으로 볼 여지가 있다.

그러나 한국영화배급협회(구 한국영상산업협회)의 사용료 징수 규정에 개인 열람석이나 2~3인 열람석에서의 시청에 대한 징수 조항은 따로 없다. 이것으로 볼 때 정부(문화체육관광부는 사용료 징수 규정을 승인할 권한을 가지고 있다)는 개인 열람석을 대상으로 한 공연 사용료 징수에 미온적인 태도를 보이고 있다.

학생들이 집에서 생일 파티를 위해 혹은 동호회나 학교 축제에서 상영하기 위해 영상자료 대출을 요청해왔다. 도서관은 대출해줄 수 있는가?

답　　　대출이 가능하다.

「저작권법」제17조는 저작자가 자신의 저작물을 공연할 수 있는 권리인 공연권을 부여하고 있다. 공연은 "저작물 또는 실연·음반·방송을 상연·연주·가창·구연·낭독·상영·재생 그 밖의 방법으로 공중에게 공개하는 것을 말"한다(「저작권법」제2조의3). 여기서 공중이란 불특정 다수인 또는 특정 다수인이다. 질문과 같은 상황에서 생일 파티에 참석한 학생들이나 소규모 동호회(불특정 다수를 대상으로 하는 동호회는 제외)는 불특정 다수인에 포함되지 않으므로 공연권이 미치지 않는다. 따라서 개인적 시청을 위해 영상자료를 대출해주는 것과 동일하다고 볼 수 있다. 그러나 학교 축제에서 영상자료를 상영하는 것은 불특정 다수를 대상으로 하는 것이므로 공연에 해당된다.

　「저작권법」제29조 제2항에 따르면 청중이나 관중으로부터 해당 공연에 대한 반대급부를 받지 않을 경우 상업용 영상저작물을 재생해 공중에게 공연할 수 있다. 학교 축제에서 사용하려는 영상자료가 공표된 영상저작물이고 공연에 대한 관람료 등의 반대급부를 받지 않았다면 비영리 목적의 공연이므로, 저작재산권자의 허락 없이 이용할 수 있다. 따라서 도서관은 해당 영상자료를 대출해줄 수 있다.

도서관에서 주최하는 가을 학예회 때 〈웨스트사이드 스토리〉를 공연하려고 하는데 저작권 처리는 어떻게 해야 하는가?

답　　　무료 공연일 경우 저작권 처리는 필요 없다.

저작권에 관한 처리에 앞서서 먼저 공연의 내용을 확인할 필요가 있다. 〈웨스트사이드 스토리〉의 대사 등 여러 가지 표현과 내용을 그대로 가져와서 공연을 하거나 대사 등의 내용에 일부 변경을 가하는 경우라면 원칙적으로 저작권자의 허락이 필요하다. 그런데「저작권법」제29조에는 공연권에 대한 예외를 규정한다. 제1항은 실연(예, 라이브 공연)에 대한 면책 요건을 규정한 것으로 영리를 목적으로 하지 아니하고, 청중이나 제3자로부터 반대급부를 받지 않으며, 실연자에게 통상의 보수를 지급하지 않는 경우에는 저작권자의 허락 없이도 무상으로 저작물을 공연할 수 있도록 규정한다. 따라서 관람객에게 입장료를 받는다거나 제3자로부터 협찬을 받지 않으면서 순수한 자원봉사자들에 의해 공연이 이루어지는 경우라면 저작권자의 허락 없이도 작품을 공연할 수 있다. 그렇지만 입장료나 제3자로부터 협찬을 받아 공연을 진행할 경우 혹은 출연자들에게 일정한 보수를 지급하는 경우에 해당된다면 〈웨스트사이드 스토리〉의 저작권자로부터 허락을 얻은 후에 공연을 해야 한다.

　한편 〈웨스트사이드 스토리〉의 전체적인 줄거리에 바탕을 두되, 대사나 그 표현을 달리해 새로운 저작물을 만들어 공연하는 경우에는 저작권자의 허락 없이도 자유롭게 이용할 수 있다. 이는 다른 저작물의 줄거리를 활용한 경우에 해당되는데, 줄거리 자체는 저작물의 내용에 관한 것으로 공연에서 이루어지는 세부적인 대사나 행위의 표현으로 볼 수 없기 때문에, 현행 「저작권법」에 의해 보호를 받기가 쉽지 않다.

질문 88 도서관이 소장한 음반의 공연 여부

도서관에서 빌린 음반을 여러 사람이 들을 수 있도록 공연할 수 있는가?

답   일정한 요건을 충족하는 경우라면 그렇게 할 수 있다.
「저작권법」 제29조는 공연권에 대한 예외를 규정한다. 이 중 제2항은 청중이나 관중으로부터 반대급부를 받지 않는 경우에는 상업용 음반이나 영상저작물을 재생해 일반공중에게 공연할 수 있도록 규정한다.

이 경우에 해당이 되려면 재생의 대상이 되는 음반이나 영상저작물이 상업적인 목적으로 제작된 것이어야만 한다. 또한 공연에 대한 반대급부로 입장료나 관람료를 징수하지 않아야 한다. 이 두 가지 요건을 모두 충족하는 경우라면 저작권자로부터 별도의 허락을 받지 않아도 저작물을 대중에게 공연할 수 있다.

질문 89 도서관에서 운영하는 강좌에서 도서관 소장 영상저작물을 상영하는 경우

공공도서관에서 운영하는 강좌에서 도서관이 소장하고 있는 영상저작물을 수업자료로 보여주려고 한다. 이럴 경우, 영상저작물 공연에 해당하는가 아니면 수업으로 해석되는가?

답　　공연으로 해석되어야 한다.

「저작권법」제25조에서 수업에 대한 저작권 예외를 인정하는 것은 초등·중등·고등 학교와 대학교 및 기타 법률이 인정하는 경우로 그 범위가 제한된다. 공공도서관의 문화강좌는 이와 같은 범위에 포함되지 않는다. 따라서 공공도서관이 문화프로그램에서 저작물을 활용하는 행위에 대해서는 수업으로서의 저작권 예외를 인정받을 수 없다. 이런 까닭에 그것이 수업에 해당되는지를 따지는 것은 무의미하다. 공공도서관이 수행하는 문화프로그램에서 수업 과정에 수강생들을 대상으로 영상저작물을 상영하는 행위는 그 본질상 가족이나 친지의 범위를 넘어서는 사람들에게 저작물을 공연하는 행위에 해당된다. 「저작권법」제29조에서 정하는 공연권 제한 요건들, 즉 청중이나 관중으로부터 이 공연에 대해 반대급부를 받지 않고, 발행 후 6개월이 경과된 저작물을 상영했다면 저작권자로부터 허락을 받을 필요가 없다.

질문 90 도서 제목을 공공도서관 문화강좌명으로 사용

공공도서관에서 문화강좌를 개설할 경우 특정 책 제목을 그대로 강좌명에 사용하면 「저작권법」을 위반하는 것인가?

답　　그렇지 않다.

저작물의 제호는 독자적인 저작물로 보지 않는 것이 대체적인 견해다. 또한 "제호는 사상이나 감정의 표현이라고 볼 수 없어 저작물로서 보호받을 수 없다"는 것이 우리나라 법원 판례가 취하는 견해다. 〈또복이〉(대법원 1977.7.12. 선고 77다90 판결), 〈품바〉(서울고등법원 1989.4.11. 자 89라28 결정), 〈행복은 성적순이 아니잖아요〉(서울지방법원 1990.9.20. 선고89가합62247 판결), 〈애마부인〉(서울고등법원 1991.9.5.자 91라79 결정)과 같은 재판이 제목의 저작물성을 다툰 사례였으나, 이 모든 재판에서 제목 자체를 저작물로 인정하지 않는다고 판결했다. 따라서 특정한 책 제목을 강좌명으로 사용하는 것을 「저작권법」 위반으로 보기 어렵다. 그렇지만 제호 자체를 특허청에 상표로 등록한 경우에는 「상표법」 위반에 해당될 수 있기 때문에 해당 제목이 상표로 등록되었는지 확인할 필요가 있다.

질문 91 비매용 영상저작물을 상영할 경우

도서관이 상업용으로 발간되지 않은 영상저작물을 「저작권법」에 저촉받지 않으면서 공중을 대상으로 상영할 수 있는 방법이 있는가?

답   방법이 있다.
「저작권법」 제29조 제1항에 따르면 영리를 목적으로 하지 않고 청중이나 관중 또는 제3자로부터 어떤 명목으로든 반대급부를 받지 않은 경우에 공표된 저작물을 공연 또는 방송할 수 있다. 단, 실연자에게 통상의 보수를 지급하는 경우에는 그러하지 아니하다.

상업용으로 발간되지 않았다면 비매용으로 발간된 것일 수도 있고, 미공표저작물일 수도 있다. 「저작권법」 제29조 제1항은 공표된 저작물을 대상으로 한다. 따라서 질문과 같이 미공표저작물인 비상업용 영상저작물이라면 저작권자로부터 허락을 받고 공연해야 한다. 다만 상업용으로 발간되지 않은 영상저작물을 저작자가 별도의 의사표시 없이 도서관에 제공한 경우라면, 저작물의 공표에 저작자가 동의한 것으로 추정할 수 있고, 자료기증의 취지 등에 비추어보았을 때 공중을 대상으로 상영해도 무방할 것이다.

제29조 제1항을 충족시키기 위해서는 공표된 저작물이라는 요건 이외에 이 저작물의 상영이 비영리 목적으로 이루어져야 하고, 청중이나 관중 또는 제3자로부터 어떠한 반대급부도 받지 않아야 한다. 이러한 요건이 충족된다면 비매용 영상저작물이라 하더라도 공연할 수 있다.

질문 92 도서관이 방송프로그램을 녹음 및 녹화 후 상영하는 경우

도서관이 방송된 프로그램을 자체적으로 재녹음 및 재녹화해 오락용으로 이용자들에게 상영해줄 수 있는가?

답　　그렇지 않다.

방송으로 송출되는 콘텐츠를 녹음물이나 녹화물로 제작하는 것도 저작물을 복제하는 행위에 해당한다. 따라서 도서관이 방송사의 허락 없이 녹음물이나 녹화물을 제작하는 것은 복제권을 침해하는 행위에 해당이 되며, 이러한 저작물을 활용해 서비스를 제공하는 것은 또 다른 저작권 문제를 불러일으킨다.

또한 불법적인 복제물을 활용해 불특정 다수에게 저작물을 상영하는 하는 것은 공연권을 침해하는 행위에 해당된다. 「저작권법」 제29조 제2항은 상업용 영상저작물이나 음반의 공연권에 관한 면책을 규정한다. 이 규정에 해당되려면, 도서관의 경우에는 발행 후 6개월이 경과한 상업용 영상저작물이나 음반을 이 공연에 대한 반대급부를 받지 않고 관람객에게 제공해야 한다. 그런데 질문의 상황은 공연에 제공되는 저작물이 상업용이 아니라 불법적으로 제작된 것이기 때문에, 저작물을 다른 사람에게 공연의 방법으로 제공했을 때 면책에 해당될 수 있는 방법은 없어 보인다. 이런 경우에는 방송사로부터 적절한 콘텐츠를 구입해 이용자에게 제공하는 것이 바람직하다.

질문 93 공공도서관에서 영상저작물을 교육목적으로 상영할 경우

공공도서관에서 소장하고 있는 DVD를 교육적인 목적이나 프로그램을 위해 상영할 수 있는가?

답   상영할 수 있다.

다만 다음과 같은 몇 가지 요건을 충족해야 한다. 「저작권법」 제29조 제2항은 상업용 음반 또는 상업적 목적으로 공표된 영상저작물을 활용한 공연에 대한 면책 사유를 규정하고 있다. 도서관이 이 조항에 따라 면책을 인정받으려면 청중이나 관객에게서 관람료 등의 반대급부를 받지 않아야 하고, 공연의 객체가 되는 음반이나 영상저작물이 상업적 목적으로 제작된 것이어야 하며, 발행 후 6개월이 경과된 저작물이어야 한다.

공공도서관이 소장한 DVD를 교육적인 목적이나 프로그램으로 제공하는 행위는 불특정 다수의 사람들에게 저작물을 상영하는 것이기 때문에 일종의 공연에 해당한다. 따라서 앞의 조건을 충족하는 경우라면 저작재산권자의 허락 없이도 저작물을 이용할 수 있다.

질문 94 도서관에서 식음료를 팔면서 영상상영회를 개최할 경우

참가자들에게 간단한 식사와 음료를 제공하는 영상상영회를 개최하려고 한다. 물론 식사와 음료 제공에 대해서는 실비를 받을 예정이다. 저작권자의 허락 없이도 가능한가?

답   가능하다.

「저작권법」 제29조 제2항은 상업용 음반과 상업용 영상저작물의 공연에 대한 면책을 규정한다. 면책요건은 상업용 음반이나 영상저작물 청중이나 관람객에게 반대급부를 받지 않아야 한다는 것이다. 그리고 이때 대상 저작물은 발행 후 6개월이 경과된 것이어야만 한다. 제시된 질문에서는 영상상영회의 원활한 진행을 위해 참가자들에게 간단한 식사와 음료를 제공하면서 해당 식대를 지불하도록 하는 것이 이 조항의 면책요건에 해당되는지를 살펴보아야 한다. 참가자들이 지불하는 금액이 식사와 음료 제공에 대한 반대급부라는 점이 명백하다면 제29조 제2항의 규정에 의한 저작권 면책에 해당한다.

문제는 참가자들에게 징수하는 금액이 과연 순수하게 식사와 음료 제공에 대한 반대급부인지가 명확하지 않다는 점이다. 따라서 이런 프로그램을 진행할 때는 참가자들이 지불하는 돈이 식사와 음료 제공에 대한 것이라는 점을 명시해놓아야 불필요한 논란을 피해갈 수 있을 것이다. 또한 상식적으로 이해할 수 있는 적절한 금액을 음식 제공에 대한 반대급부로 받아야 할 것이다.

질문 95 | 도서관 영화상영회의 참여자 수 제약 여부

도서관이 소장한 영상자료를 무료로 상영하는데, 참여자 수에 대한 제약 등 규정이 있는가?

답　　그렇지 않다.

「저작권법」제29조 제2항은 상업용 음반과 상업용 영상저작물에 대한 공연권의 제한에 관한 사항을 규정한다. 상업용 음반이나 영상저작물을 활용해 청중이나 관람객으로부터 아무런 반대급부를 받지 않은 경우에는 저작권자의 허락 없이도 저작물을 활용해 공연할 수 있다. 다만 도서관이 영상자료를 활용해 무료 프로그램을 제공할 때는 그 제공되는 영상저작물이 발행 후 6개월이 경과된 것이어야 한다.

　공연은 공중을 대상으로 하는 것으로, 공중이란 특정 다수를 포함한 불특정 다수를 칭하는 말이다. 불특정 다수라 함은 그 수에 특별한 정함이 없는 것을 말한다. 따라서 프로그램 참여자의 수는 문제가 되지 않는다.

도서관의 문화행사 등에 음원을 사용하는 경우가 있는데, 이럴 경우 저작권 위배 없이 사용할 수 있는가?

답   몇 가지 조건하에서 가능하다.

「저작권법」 제29조 제2항은 상업용 음반이나 상업용 영상저작물을 활용한 공연에 대해 면책을 규정한다. 이 조항에 따라 면책을 인정받으려면 청중이나 관객으로부터 관람료 등의 반대급부를 받지 않아야 한다는 조건과 공연의 객체가 되는 음반이나 영상저작물이 상업용으로 제작된 것이어야 하며, 발행 후 6개월이 경과된 것이어야 한다.

문화행사에서 활용하는 음원이 상업용으로 제작된 것이고, 발행 후 6개월이 지났으며, 관람객으로부터 해당 음원을 듣는 것을 명목으로 한 반대급부를 받지 않았다면 저작권자의 허락 없이도 음원을 사용할 수 있다.

학생들의 등하교 시간에 교내 방송으로 음악을 들려주려고 하는데, 「저작권법」에 저촉되는가?

답   저촉되지 않는다.

'방송'이란 "공중송신 중 공중이 동시에 수신하게 할 목적으로 음·영상 또는 음과 영상 등을 송신하는 것을 말"한다. 「저작권법」 제29조 제1항은 공연뿐만 아니라 방송의 경우에도 영리를 목적으로 하지 아니하고, 청중이나 관중 혹은 제3자로부터 어떤 명목으로든지 반대급부를 받지 않는 경우에는 그 면책을 인정하고 있다.

학교에서 학생들의 등·하교 시간에 교내 방송을 송출하는 것은 학교의 유·무선 방송 설비를 활용해 학생들이 동시에 이용할 수 있도록 제공하는 행위이기 때문에 「저작권법」이 규정하는 방송의 개념에 해당이 된다. 학교에서 학생들의 등·하교 시간에 교내방송을 제공하는 것이 영리를 목적으로 하고 있다고 볼 수는 없으며, 학생들에게 방송 청취에 대한 반대급부를 요구할 수도 없기 때문에 「저작권법」이 인정하는 면책 사유에 해당한다. 다만 방송 중에 상업적인 광고 등을 삽입해 제3자로부터 물질적인 이득을 취하려 하는 경우에는 면책을 인정받을 수 없다.

질문 98 최근 발매된 DVD를 도서관에서 상영하는 경우

도서관이 최근에 발매된 DVD 자료를 선정해 주말마다 이용자를 대상으로 한 상영 프로그램에 이용하려고 한다. 저작권자에게 어떻게 허락을 받아야 하는가?

답　한국영화배급협회를 통해 저작물 사용료를 지불하고 이용할 수 있다.
「저작권법」 제29조와 「저작권법 시행령」 제11조에 따르면 발행 후 6개월이 지나지 않은 상업용으로 제작된 영상저작물을 도서관이 상영(공연)하기 위해서는 저작권자의 허락을 받아야 한다. 한국영화배급협회는 영화 및 영상저작물의 저작권 신탁관리 사업을 담당하는 전문 기관으로, 저작권자를 대신해 저작물 사용 허락을 대행하는 곳이다. 한국영화배급협회에서는 도서관의 영상저작물 상영과 관련해 징수료 규정을 마련해놓고 있다. 상영하고자 하는 DVD가 한국영화배급협회가 관리하는 저작물에 해당된다면(관리 저작물 여부는 한국영화배급협회 홈페이지에서 확인할 수 있다), 제시된 징수료를 납부하고 상영할 수 있다. 하단의 글상자는 한국영화배급협회의 저작물 사용료에 관한 규정 중 도서관과 관련되는 부분이다.

제8조(도서관 등에서의 공연)
① 도서관 시설에서 협회가 관리하는 영상저작물(발행 후 6개월이 지나지 아니한 영상저작물에 한함)을 공연하는 경우의 사용료는 다음과 같다.
  1. 집단상영(단체관람) 시

좌석 수	상영 횟수		
	1~5회	6~10회	11회~
50 이하	30,000	60,000	90,000
50~100	45,000	75,000	105,000
101~200	60,000	90,000	120,000
201~300	75,000	105,000	135,000
301~400	90,000	120,000	150,000
401	105,000	135,000	165,000

    비고: 1) 행정구역상 거주인원 1만명 이하의 읍·면이나 도서·벽지인 경우에는 사용료를 면제한다.
  2. 도서관 공연목적 구입 시 (판매용 영상저작물 가격×3)×최소구매수량
    비고: 1) 이 호에 의하여 도서관 전용영상으로 구입하는 경우 제1호의 사용료는 면제된다.
       2) 최소구매수량은 상호 협의하여 정하되, 도서관의 규모와 이용실태를 고려한다.
  3. 저작권법 제29조 제1항 및 제2항이 적용되지 않는 영리목적 공연 등의 경우에는 이 규정 제14조에 의한다.
② 제1항의 규정은 도서관 이외에 저작권법시행령 제11조 제8호의 시설에서 협회가 관리하는 판매용 영상저작물(발행 후 6개월이 지나지 아니한 영상저작물에 한함)을 공연하는 경우의 사용료에 관하여 준용한다.

학교 동아리 소속 학생들의 요청에 따라 도서관에서 주기적으로 동아리 소속 학생들에게 도서관이 직접 구매한 DVD를 상영해주고자 한다. 이는 학생들의 공부와 여가활동을 위한 것이지 기타 다른 목적은 없다. 이럴 경우 상영이 가능한가?

답   부분적으로 가능하다.

학생들로부터 DVD 관람에 대한 반대급부를 받지 않고 발행 후 6개월이 경과된, 상업용으로 제작된 영상저작물을 상영하는 경우라면 가능하다. 「저작권법」에 따르면, 도서관이 여러 사람을 대상으로 DVD를 상영하는 행위는 공연에 해당이 된다. 「저작권법」 제29조 제2항은 이에 관한 사항을 규율하는 것으로, 청중이나 관중으로부터 해당 공연에 대해 반대급부를 받지 않는 경우에는 영상저작물을 상영할 수 있도록 허용하고 있다.

다만 「저작권법 시행령」 제11조의 규정에 따라 발행 후 6개월이 경과되지 않은 것을 도서관이 상영하는 것은 허용되지 않는다. 따라서 학생들에게 관람료를 받지 않고, 발행 후 6개월이 경과된 영상저작물을 상영하는 것은 법적으로 하자가 없다.

대학교의 한 동아리에서 도서관에 소장된 DVD를 대출받아 학생들을 대상으로 도서관의 영상세미나실에서 3일 동안 하루에 2편씩 총 6편의 영화를 상영하는 행사를 진행하려 한다. 도서관이 이를 허락하기 위해서는 학생들이 저작권자로부터 허락을 받도록 해야 하는가?

답   그렇지 않다.

여러 사람들을 대상으로 DVD를 상영하는 행위는 「저작권법」이 정의하는 공연의 일종이다. 「저작권법」 제29조 제2항은 이에 관한 사항을 규율하는 것으로, 청중이나 관중으로부터 해당 공연에 대해 아무런 반대급부를 받지 않는 경우에는 상업적인 목적으로 공표된 영상저작물을 상영할수 있도록 허용하고 있다. 이 경우 상영의 주최가 도서관이 아니고, 대학에 소속된 동아리이기 때문에 상업용으로 제작된 영상저작물 가운데 발행후 6개월이 경과된 것만을 상영할 수 있다는 '도서관에서의 영상저작물 상영과 관련된 규정'(「저작권법 시행령」 제11조)이 적용되지 않는다.

질문 101   도서관 행사에서 스트리밍 방식으로 음악을 틀어주는 경우

공공도서관의 야외행사에서 음악을 스트리밍 방식으로 틀어주기 위해 저작권자에게 허락을 받아야 하는가?

답   허락을 받아야 한다.

스트리밍 방식으로 음악을 이용하는 것은 「저작권법」의 전송에 해당하는행위다. 저작물을 발신한 시점과 수신이 이루어지는 시점이 다르고, 수신자가 원하는 시간과 장소에서 저작물을 이용하는 행위에 해당하기 때문에 스트리밍 방식을 이용한 음악의 이용은 전송에 해당된다. 야외행사에서 음악을 들려주는 행위가 「저작권법」 제29조가 규정하고 있는 공연에 해당하지 않기 때문에 이 경우 공연권에 관한 예외를 적용받을 수가 없다. 상업용 목적으로 제작된 음반을 활용해 관객에게 아무런 반대급부를 받지 않고 음악을 들려주는 행위는 저작권자의 허락을 필요로 하지 않는 행위이지만, 스트리밍 방식을 활용해 음악을 들려주는 행위는 그 반대급부의 유무와 상관없이 저작권자의 허락을 필요로 한다. 그 효과가 동일한 행위라 하더라도, 어떤 미디어와 방법을 활용하느냐에 따라 저작권자의 허락이 필요할 수도 있고, 그렇지 않을 수도 있다.

질문 102 도서관에서 몇 회에 걸쳐 독립영화 상영회 개최

도서관에 소장된 독립영화 DVD를 사용해 독립영화 상영회를 몇 회에 걸쳐 개최하려고 한다. 저작권자로부터 허락을 얻어야 하는가?

답   몇 가지 조건을 충족할 경우 허락을 얻지 않아도 된다.
독립영화 해당 여부와 몇 차례나 상영하느냐가 중요한 것이 아니라 이런 행위가 「저작권법」의 어떤 행위에 해당하는지가 판단의 핵심이다. 상업용으로 제작된 DVD를 활용해 상영회를 개최하는 행위는 「저작권법」이 규정하는 공연에 해당하는 것이기 때문에 「저작권법」 제29조 제2항이 규정하는 공연권에 관한 예외가 적용된다. 따라서 이 경우 독립영화 DVD가 상업적인 목적으로 만들어진 것이라면 공연권 제한 조항의 적용을 받을 수 있다. 다시 말해 관객에게 해당 공연에 대한 입장료와 같은 반대급부를 받지 않는다면, 저작권자의 허락 없이도 상영행위를 진행할 수 있다. 다만 그 시행 주최가 도서관이기 때문에 「저작권법 시행령」 제11조에 따라 발행 후 6개월이 경과된 저작물만을 대상으로 해야 한다.

도서관이 영상저작물을 이용자에게 상영해주려면 발행 후 6개월이 지난 시점에 가능한 것으로 안다. 발행 후 6개월이란 해당 영화가 개봉된 시점을 말하는 것인가?

답   그렇지 않다.

상업용으로 발행된 영상저작물의 발행 시점을 언제로 보아야 할지는 다소 불명확하다. 따라서 법령 제정의 취지 등에 미루어 해석이 필요한 사항이다. 「저작권법 시행령」에서 도서관의 영상저작물 이용을 발행 후 6개월로 제한하고 있는 까닭은 영화관에서 상영되는 영화를 보호한다기보다 DVD나 특정 매체로 판매되고 있는 콘텐츠를 보호하기 위한 측면이 더 강하다. 통상 영화가 개봉되고 일정한 기간이 지난 후에 DVD 등이 발매된다는 점과 도서관이 보유하고 있는 것이 DVD와 같은 특정한 매체라는 점을 고려하면, 이 경우에 판단 시점은 해당 매체의 초판이 발행된 시점으로 보는 것이 좀 더 적절할 것이다.

그림책과 이야기를 소재로 패널과 대형 그림책 등을 제작해 영상저작물로 제작한 후 이를 교내에서 상영해도 괜찮은가?

답　　고등학교 이하 학교에서의 수업을 위한 경우라면 괜찮다.

그림책에 수록된 그림을 패널로 제작하거나 대형 도서로 다시 제작하는 것은 그림책에 포함된 미술저작물을 복제하는 행위이기 때문에 원칙적으로 저작권자의 허락을 받아야 한다. 또한 그림책의 줄거리를 바탕으로 영상저작물을 제작하는 것은 2차적 저작물을 작성하는 행위에 해당될 수 있기 때문에 저작권자의 허락을 받아야 한다. 그림책은 그림과 이야기가 결합된 결합저작물에 해당하므로 그림을 그린 이와 글쓴이의 허락이 모두 필요하다. 그러나 교내에서의 영상저작물 상영이 고등학교 이하 학교에서의 수업을 위한 이용에 해당하는 경우라면, 「저작권법」 제25조 제2항의 규정에 따라 저작권자의 허락 없이 일정한 요건하에서 자유롭게 이용될 수 있다.

도서관에서 진행하는 동화구연 프로그램을 진행하면서 이야기의 내용을 그림으로 바꾸려면 저작권자의 허락이 필요한가?

답　　　　창작성이 있는 그림이라면 허락이 필요하지 않다.

동화는 어문저작물 혹은 어문저작물과 미술저작물이 결합되어 이루어진 저작물이며, 동화구연은 어문저작물에 해당하는 동화를 낭독하는 행위로 「저작권법」이 규정하는 공연의 일종이다. 동화는 줄거리의 이해를 돕기 위해 그림이 함께 포함되어 있는 경우가 많지만, 모든 동화에 그림이 함께 수록되어 있는 것은 아니다. 동화구연 프로그램의 원활한 진행을 위해 이야기의 내용을 그림으로 제작하는 경우에는 두 가지로 구분해 살펴보아야 한다. 먼저 동화책에 포함된 그림 그대로를 패널이나 그림으로 다시 제작하는 경우다. 이 경우 그림을 제작하는 행위는 동화책에 포함된 미술저작물인 그림을 복제하는 행위에 해당이 되기 때문에 저작권자의 허락이 필요하다.

　다음은 동화책에 그림이 포함되어 있지 않고, 동화작가의 줄거리와 표현을 바탕으로 새로 제작하는 경우다. 이때 그림을 제작하는 행위는 저작물의 복제라기보다는 새로운 저작물을 창작하는 행위에 해당된다. 이런 경우에는 동화와 그림의 관계가 원저작물의 2차적 저작물에 해당하는지를 살펴야 한다. 이는 그림이 동화책의 내용을 바탕으로 얼마나 창작적으로 표현되는지에 따라 결정된다. 동화의 내용이 단순한 소재에 지나지 않고 동화와 구별되게 새로운 창작적 표현이 이루어진 경우라면 순수한 창작물에 해당이 될 것이다. 순수한 창작물에 해당이 된다면 동화 저작권자와는 전혀 상관없이 저작물을 활용할 수 있다. 그렇지만 그림이 2차적 저작물에 해당이 된다면, 원저작자의 동의가 필요하다.

동화구연 프로그램을 위해 그림책을 스캔해 활용할 수 있는가?

답　　저작재산권자의 동의를 받아 활용해야 한다.

「저작권법」 제2조 제22호는 복제를 "인쇄·사진촬영·복사·녹음·녹화 그 밖의 방법으로 일시적 또는 영구적으로 유형물에 고정하거나 다시 제작하는 것을 말하며, 건축물의 경우에는 그 건축을 위한 모형 또는 설계도서에 따라 이를 시공하는 것을 포함한다"라고 규정한다. 저작물을 유형물로 다시 제작하는 행위뿐만 아니라 유형물에 고정하는 행위까지 모두 포함한다고 정의하고 있으며, 일시적인 복제의 경우도 그 범위에 포함하고 있다.

　　그림책을 스캔하는 것은 그림책의 표현과 내용을 하드디스크에 고정하는 행위이기 때문에 「저작권법」이 규정하는 '복제'에 해당한다. 그림책을 개인이 스캔해 자신이 소유하거나 개인적으로 이용하는 것은 「저작권법」 제30조가 규정하는 사적복제에 해당이 되어, 저작권자의 허락 없이도 가능하다. 그렇지만 이것을 공중을 대상으로 보여준다면 사적복제의 범위를 벗어나는 것이기 때문에 저작권자의 허락이 필요하다.

도서관에서 동화구연 프로그램을 진행하면서, 청중의 흥미를 돋우기 위해 원작의 이야기를 조금 바꾸어 진행해도 되는가?

답   프로그램의 진행상 불가피한 경우라면 가능할 수도 있다.

동화구연 프로그램은 어문저작물인 동화를 낭독하는 행위의 일종으로, 불특정 다수의 청중을 대상으로 하므로, 「저작권법」상 공연에 해당한다. 여기에서 이야기하는 공연은 저작물을 있는 그대로 낭독하는 행위에 초점을 둔 것으로, 공연이 이루어지는 동안 저작물의 내용이나 표현을 변경하는 것까지 포함하지 않는다. 저작자에게는 저작재산권과 별도로 저작인격권이 부여되는데, 여기에는 저작자의 동의 없이 저작물의 표현이나 내용을 다른 사람이 임의로 변경할 수 없는 '동일성유지권'(「저작권법」 제13조)도 포함된다. 따라서 저작물의 내용이나 표현 일부를 변경하는 것은 저작자의 동일성유지권을 침해하는 행위가 될 수 있다.

다만 「저작권법」 제13조 제2항 제5호가 규정하는 "그 밖에 저작물의 성질이나 그 이용의 목적 및 형태 등에 비추어 부득이하다고 인정되는 범위 안에서의 변경"에 해당이 된다면 저작자에게 별도의 허락을 받지 않고도 저작물을 이용할 수 있다. 동화의 내용이나 표현에 그리 커다란 변화를 주지 않으면서 청중이나 관람객의 흥미를 유발하기 위해 사소하게 변경하는 것 정도는 허용된다고 볼 수 있지만, 그 명확한 범위와 해석은 개별 사안에 따라 판단해야 한다.

질문 108 동화구연 프로그램을 온라인상에 서비스할 경우

동화구연 프로그램을 제작해 웹사이트에 제공하려고 하는데, 누구에게 허락을 받아야 하는가?

답   저작권자로부터 허락을 받아야 한다.

저작권은 저작물 창작자에게 부여되는 배타적인 권리다. 여기서 창작자라 함은 인간의 사상과 감정을 지적인 표현물로 만들어내는 과정에 직접 관여한 사람을 일컫는다. 동화의 경우에는 이야기 작가와 그림 작가가 모두 저작자에 해당이 된다. 그러나 저작권은 경제적인 거래의 대상으로 활용이 되기 때문에 저작자가 반드시 저작권자인 것은 아니다. 동화를 인쇄물인 책으로 만들어내는 과정에서 출판사가 저자로부터 저작권을 양수받은 경우도 있기 때문에 해당 저작물의 저작권자가 누구인지를 확인하고, 적법한 권리를 가진 저작권자로부터 저작물 사용에 대해 허락을 받아야 한다.

질문 **109** 도서관에서 동화구연 프로그램을 운영할 경우 원작자 허락 여부

도서관에서 진행하는 동화구연 프로그램도 저작권자의 허락을 받아야 하는 것인가?

답   상황에 따라 다르다.

「저작권법」 제29조 제1항의 규정에 따라 영리를 목적으로 하지 않으며, 관람객에게 반대급부를 받지 않고, 동화를 구연하는 사람에게도 별도의 사례비가 지급되지 않는 경우라면 저작재산권자의 허락 없이도 프로그램을 진행할 수 있다.

동화구연 프로그램은 어문저작물에 해당하는 동화를 낭독하는 것으로, 「저작권법」에서 규정하는 공연에 해당하는 행위다. 「저작권법」 제29조

는 공연권에 관한 예외를 규정하고 있는데, 이 경우에 해당이 된다면 저작권자의 허락 없이도 저작물을 공연할 수 있다. 먼저 동화구연 프로그램이 영리를 목적으로 하지 않아야 한다. 이때 영리를 목적으로 하지 않는다는 조항은 엄격히 해석되어야 한다. 예컨대 기업의 홍보나 간접 마케팅 차원에서 이루어지는 경우라면 영리를 위한 목적을 띠고 있는 것으로 볼 수 있다. 둘째, 제3자에게 아무런 반대급부를 받지 않아야 한다. 청중이나 관람객에게 입장료를 받지 않아야 하며, 제3자로부터 협찬이나 후원도 받지 않아야 한다. 셋째, 동화구연을 진행하는 실연자에게도 통상의 보수가 지급되지 않아야 한다. 이런 조건을 모두 충족할 경우에 저작권 문제 없이 동화구연 프로그램을 진행할 수 있다.

학교교육 목적을 위한 복제

학생들이 수업자료로 보는 도서가 너무 무거워 가지고 다닐 수가 없다. 학교도서관에서 이 자료를 학생 수만큼 구입해 디지털 파일로 변환한 후 학생들의 전자기기(노트북이나 태블릿 PC)에서 읽도록 지원할 수 있는가?

답　　　지원할 수 없다.

「저작권법」 제31조 제1항 제1호에 따라 도서관은 "조사·연구를 목적으로 하는 이용자의 요구에 따라 공표된 도서등의 일부분의 복제물을 1인 1부에 한하여 제공"할 수 있다. 단, 이 경우 디지털 형태로 복제할 수 없다. 따라서 질문의 상황은 제31조 제1항 제1호에 따라 도서관이 서비스할 수 있는 범위를 벗어난다.

한편「저작권법」제25조 제2항은 교육기관과 교육지원기관 등이 그 수업 또는 지원 목적상 필요하다고 인정되는 경우에는 공표된 저작물의 일부분을 복제·배포·공연·방송 또는 전송할 수 있다고 정하고 있다. 즉, 복제 및 전송 등의 주체가 교육기관이거나 교육지원기관이어야 하며, 해당 수업 또는 그 수업을 지원할 목적과 함께 저작물 일부분의 복제를 요건으로 하고 있다.

교육기관에는 교육을 담당하는 교원도 포함된다. 또한 교원의 지시를 받아 학생이 복제하는 것도 가능하다는 해석이 있다. 그러나 교원의 요청이 있더라도 사서가 교육용 복제를 할 수 있는지에 대해서는 의견이 엇갈린다.

그런데 설령 교원의 요청에 의해 사서가 복제행위를 할 수 있다 하더라도, 질문의 상황은 저작물 전체를 복제하는 것이므로 제25조 제2항에서 요구하는 저작물의 '일부분'이라는 요건을 충족하지 못한다.

질문 **111** 수업을 목적으로 웹사이트의 이미지를 제공할 경우

학교도서관의 사서가 수업 지원 자료로 웹사이트에서 검색한 이미지 파일을 교사에게 제공하는 것은 「저작권법」을 위반하는 것인가?

답 이견이 있다.

「저작권법」제25조 제2항은 "특별법에 따라 설립되었거나 「유아교육법」, 「초·중등교육법」또는「고등교육법」에 따른 학교, 국가나 지방자치단체가 운영하는 교육기관 및 이 교육기관들의 수업을 지원하기 위해 국가나

지방자치단체에 소속된 교육지원기관은 그 수업 또는 지원 목적상 필요하다고 인정되는 경우에는 공표된 저작물의 일부분을 복제·배포·공연·전시 또는 공중송신할 수 있다. 다만, 저작물의 성질이나 그 이용의 목적 및 형태 등에 비추어 저작물의 전부를 이용하는 것이 부득이한 경우에는 전부를 이용할 수 있다"라고 규정한다. 이 규정은 첫째, 복제·배포·공연·방송 또는 전송의 주체가 교육기관이거나 교육지원기관이어야 한다. 둘째, 목적이 해당 수업 자체 또는 그 수업을 지원하기 위한 것이어야 한다. 셋째, 공표된 저작물의 일부분이어야 한다는 조건을 두고 있다. 이런 조건이 충족되었을 경우에는 해당 저작물을 디지털 형태로 복제해 배포할 수 있다.

앞의 질문은 학교도서관이 제25조 제2항의 요건 중 복제·배포 등의 주체에 해당하는지를 묻는 것이다. 제25조 제2항은 복제 등의 행위 주체를 교육기관이라고 설정하고 있는데, 이는 직접 교육을 담당하는 교사 또는 교사의 요청에 의해 학생 또는 행정직원이 복제하는 경우를 말한다. 즉, 도서관이 직접 복제하는 것까지 포함된다고 해석하지 않는 것이 일반적이다. 그러나 학교도서관은 학교에 소속된 것이므로 복제의 주체가 될 수 있다는 의견도 있다. 따라서 학교도서관 사서는 교육목적용 복제물 제공에 신중을 기해야 한다.

질문 112 수업을 목적으로 절판도서의 일부분을 복제물로 제공

교수가 절판된 책의 일부를 복사해 수업자료로 활용하고 싶다고 요청을 해온 경우 대학도서관이 복제물을 제공할 수 있는가?

답   제공할 수 있다.

「저작권법」 제31조 제1항 제1호에 따르면 "조사·연구를 목적으로 하는 이용자의 요구에 따라 공표된 도서등의 일부분의 복제물을 1인 1부에 한하여 제공"할 수 있다. 단 이 경우 디지털 형태로 복제물을 제공할 수 없다.

질문의 상황에서 교수가 요청한 절판된 책이 도서관에 소장되어 있다면 이 도서의 일부분을 복제해 1부를 제공할 수 있다.

질문 113 학교도서관 자료를 수업 지정자료로 교실에 비치할 경우

학교도서관에 소장된 자료 중 일부를 교사가 수업 지정자료로 설정한 후 이를 교실에 비치하고자 한다. 수업 지정자료를 도서관 밖에 비치해도 「저작권법」에 위배되지 않는가?

답   위배되지 않는다.

「저작권법」 제20조 배포권 조항에 의하면 저작자는 저작물의 원본이나 그 복제물을 배포할 권리가 있다. 그러나 저작물의 원본이나 그 복제물이 해당 저작재산권자의 허락을 받아 판매 등의 방법으로 거래에 제공된 경우에는 배포권을 더는 행사할 수 없다. 즉, 도서관이 서점 등을 통해 저작물을 적법하게 구입했을 경우 그 도서 등을 다른 사람에게 대여하거나 양도할 수 있다. 이것을 '권리소진의 원칙' 또는 '최초 판매의 원칙'이라고 한다. 이와 같은 배포권의 제한으로 도서관은 소장자료를 대출해줄 수 있는 것이다.

질문의 상황은 도서관에 소장된 자료 중 일부를 특정 교실에 대출해주는 경우이므로 저작권자로부터 허락을 얻을 필요가 없다.

질문 **114** **교사 요청으로 신문기사 복제물을 다수에게 제공**

교사가 학교도서관에서 구독하는 신문의 기사 1편을 수업하는 학생들이
동시에 읽을 수 있도록 학생 수만큼 전문을 복사해달라고 요청해왔다. 복
제물을 제공할 수 있는가?

답   이견이 있다.
「저작권법」제31조 제1항 제1호는 "이용자의 요구에 따라 공표된 도서등
의 일부분의 복제물을 1인 1부에 한하여 제공"해줄 수 있다고 정하고 있
다. 질문의 상황은 1부가 아니라 학생 수만큼 복제물을 요청했으므로 이
규정에서 허용하는 범위를 벗어난다고 할 수 있다.

그러나 이 상황은 학교에서의 수업목적을 위한 이용이므로 교육기관
및 교육지원기관이 그 수업 또는 지원 목적상 필요한 경우 공표된 저작물
의 일부분을 복제·배포·공연·방송 또는 전송할 수 있도록 한 「저작권법」
제25조 제2항의 적용 가능성을 검토해볼 수 있다.

이 규정은 첫째, 복제·배포·공연·방송 또는 전송의 주체가 교육기관
이거나 교육지원기관이어야 하고, 둘째, 해당 수업 또는 그 수업을 지원할
목적이어야 하며, 셋째, 공표된 저작물의 일부분이어야 한다는 조건을 두
고 있다. 이러한 조건이 충족되었을 경우에는 해당 저작물을 디지털 형태
로 복제해 배포할 수 있다.

그런데 복제 등은 일반적으로 교육을 행하는 교사나 교사의 요청에 의

해 학생이나 행정직원이 할 수 있다고 해석된다. 그러나 교사의 요청이 있다 하더라도 도서관이 복제행위의 주체가 될 수 있는지에 대해서는 이견이 있다. 따라서 교육목적용 복제물을 제공할 경우 사서는 신중을 기해야 한다. 교사 또는 교사의 지시를 받은 학생이 직접 해당 자료를 복제하도록 하는 것이 바람직하다.

질문 115 도서관 자료를 이용해 편집교재를 제작할 경우

교사가 도서관에 소장된 여러 자료의 일부를 복사해 수업 교재로 만든 다음 수업 시간에 학생들에게 배포하고자 한다. 도서관은 교사가 요청한 각 자료의 일부분 복제물을 제공할 수 있는가?

답   제공할 수 있다.

「저작권법」제31조 제1항 제1호는 이용자의 요구에 따라 도서관에 소장된 도서 등의 일부분을 1인에게 1부 복제해줄 수 있다고 정하고 있다. 따라서 질문과 같은 상황에서 교사가 요청한 각 자료의 일부분을 복제해 1부 제공해줄 수 있다. 또한 「저작권법」제25조 제2항은 "「초·중등교육법」 또는 「고등교육법」에 따른 학교, 국가나 지방자치단체가 운영하는 교육기관 및 이들 교육기관의 수업을 지원하기 위하여 국가나 지방자치단체에 소속된 교육지원기관은 그 수업 또는 지원 목적상 필요하다고 인정되는 경우에는 공표된 저작물의 일부분을 복제·배포·공연·전시 또는 공중송신할 수 있다"라고 규정한다. 이 규정에 의거해 질문과 같은 상황에서 교사는 도서관으로부터 제공받은 복제물을 학생 수만큼 복제 및 제본해 수업을 듣는 학생들에게 배포할 수 있다.

질문 116 수업목적용 복제물 제공 시 가능한 부수

학교도서관은 교사가 수업에 필요하다고 요청하는 부수만큼 자료를 복사해 제공해도 되는가, 아니면 저작물에 따라 달라질 수 있는가?

답　　이견이 있다.

질문의 경우에는 「저작권법」 제31조 제1항 제1호를 적용해 복제물을 제공할 수 없다. 교사가 수업에 필요하다고 하더라도 도서관은 제31조 제1항 제1호에서 허용하는 범위에서만 복제물을 제공할 수 있다. 그러나 미술저작물이나 사진저작물, 시 1편 등의 경우에는 하나의 저작물로서 불가분성이 있으므로 부득이하게 전체를 복제할 수 있다고 본다.

한편 교사가 수업목적으로, 공표된 저작물을 복제·배포하는 것은 「저작권법」 제25조 제2항에 근거해 가능하다. 이 경우에도 저작물의 일부분을 복제해야 하지만, 수업목적의 복제라면 부수는 제한되지 않는다.

제25조 제2항에 의거해 복제를 할 수 있는 주체는 교육기관은 물론이고, 직접 교육을 담당하는 교원도 포함된다. 그리고 복제의 주체인 교원이 실제 복제행위를 학생에게 시키는 것도 가능하다고 해석한다. 그러나 교사의 의뢰를 받은 사서가 교사를 대신해 교육목적용 복제를 할 수 있는지에 대해서는 서로 다른 해석이 있다.

학교도서관에서 교사를 위해 교사 버전의 학습자료를 구매했는데, 해당 교사가 구매한 자료 중 딸림자료 CD에 있는 파일을 학생들에게 1부씩 복사해주고 싶어 한다. 교육을 목적으로 복사할 경우 복제물을 제공해주어도 되는가?

답　　**제공할 수 없다.**

「초·중등교육법」에 따른 학교나 교사는 「저작권법」 제25조 제2항에 근거해 "그 수업 또는 지원 목적상 필요하다고 인정되는 경우에는 공표된 저작물의 일부분을 복제·배포·공연·전시 또는 공중송신할 수 있다"라고 규정되어 있다. 여기서 복제의 주체가 학교나 교사라면 실제 복제행위를 학생이나 사서에게 시킬 수 있다. 또한 일반적으로 저작물의 일부분을 복제할 수 있지만, 저작물의 성질상 부득이한 경우 전체 복제도 가능하다.

　　그런데 질문의 상황은 특정 수업에 필요해 복제를 요청하는 경우가 아니라 일반적인 교육을 목적으로 요청한 경우로 보인다. 만일 특정 수업을 위한 복제 요청이 아니라면, 도서관은 CD의 복제물을 학생들에게 제공하기 위해 저작재산권자로부터 허락을 얻어야 한다.

교사가 학교도서관에 소장되어 있는 멀티미디어 자료를 활용해 공연을 하려고 한다. 예를 들어 공연에 도서관 소장자료의 일부가 상영되거나 전시된다면 「저작권법」에 위배되는가?

답   위배되지 않는다.

「저작권법」 제29조 제2항은 "상업용 음반 또는 상업적 목적으로 공표된 영상저작물을 재생하여 공중에게 공연"할 수 있다고 면책을 규정한다. 이 조항에 따라 면책을 인정받으려면 공연의 대상이 되는 저작물이 상업용 음반 또는 상업용 영상저작물이어야 하고, 관람객이나 청중으로부터 관람료나 입장료 등의 반대급부를 받지 않아야 한다. 또한 도서관에서 진행되는 경우에는 「저작권법 시행령」 제11조의 규정에 따라 발행일로부터 6개월이 경과한 영상저작물을 활용해야 한다. 따라서 이 조건을 모두 충족하는 경우에는 저작권자의 허락 없이도 저작물을 이용할 수 있다.

한편 전시권은 미술저작물, 건축저작물, 사진저작물에 국한해 적용되는 것이기 때문에 멀티미디어 영상에는 적용되지 않는다.

질문 119   학생 제작 과제에 도서관 영상저작물이 사용된 경우

학생들이 수업 과제로 제작한 영상저작물 또는 교사의 강의자료에 도서관에서 대출한 영상저작물의 일부 또는 전체가 사용되었다. 이런 경우에 저작권 침해가 발생했는가? 발생했을 경우 그 책임 소재는 누구한테 있는가?

답   저작권 침해가 아니다.

학교에서의 수업 과제 또는 수업에서의 발표나 강의를 위해 작성된 것은

「저작권법」이 정하는 면책 사유에 해당이 되기 때문에 아무런 책임도 발생하지 않는다.

이 사안에서는 우선 수업 과제로 작성한 저작물에 다른 저작물을 활용하는 것이 저작권 침해에 해당하는지를 살펴볼 필요가 있다. 「저작권법」 제25조 제2항에 따르면 "특별법에 따라 설립되었거나 「유아교육법」, 「초·중등교육법」 또는 「고등교육법」에 따른 학교, 국가나 지방자치단체가 운영하는 교육기관 및 이들 교육기관의 수업을 지원하기 위하여 국가나 지방자치단체에 소속된 교육지원기관은 그 수업 또는 지원 목적상 필요하다고 인정되는 경우에는 공표된 저작물의 일부분을 복제·배포·공연·전시 또는 공중송신할 수 있다"라고 규정한다. 저작물의 성질이나 목적, 예컨대 그림 및 사진자료, 시 1편처럼 부득이하게 저작물의 전부를 이용할 수밖에 없을 경우에는 그 전부를 이용할 수도 있다. 다만 저작물 전체를 활용할 때는 그 전부를 이용하는 것이 부득이한 경우에 해당하는지 세심히 살펴볼 필요가 있다. 이 경우에 해당이 된다면 저작자에게 별도의 허락을 받지 않고도 저작물을 적법하게 이용할 수 있다.

질문 120 강의실에 배경음악으로 스트리밍 사이트를 활용할 경우

대학 강의실에서 배경음악으로 스트리밍 사이트를 활용하려고 하는데, 이것도 저작권자의 허락을 받아야 하는 것인가?

답   수업목적을 위한 이용이라면 허락받지 않아도 된다.

먼저 스트리밍 사이트를 대학 강의실에서 활용하는 것이 수업목적에 해당하는지 아닌지를 먼저 검토할 필요가 있다. 스트리밍 사이트를 활용하는 것은 음악저작물을 전송하는 행위에 해당이 되기 때문에 저작권자의 허락을 필요로 하는 행위에 해당한다. 그렇지만 대학에서의 수업을 목적으로, 저작물의 일부분을 활용하는 경우에 해당된다면 「저작권법」 제25조 제2항에 따라 저작권자의 허락 없이도 저작물을 이용할 수 있다. 다만 이 경우에 해당이 된다 하더라도 대학은 교육목적의 저작물 이용에 대한 보상금을 한국복제전송저작권협회에 지불해야 한다.

질문의 상황은 음악의 사용이 수업의 본질적인 내용에 해당된다기보다 단순히 강의실의 배경음악으로 사용하기 위한 것으로 판단된다. 이런 경우라면 학교교육 목적, 수업목적으로 보기 어려운 측면이 있다. 수업과 직접 관련 없이 저작물을 이용하는 경우라면 저작권자의 허락을 얻은 후에 이용해야 한다.

질문 121 도서관 자료를 스캔해 강의 지원 시스템에 업로드할 경우

도서관이 소장하고 있는 도서의 일부나 구독하고 있는 학술지에 게재된 논문을 스캔해 수업 지원 목적으로 학교 내 강의 지원 시스템에 수업을 수강하는 학생들을 대상으로 업로드해 제공할 수 있는가?

답　　이견이 있다.

「저작권법」 제25조 제2항에 따르면 "특별법에 따라 설립되었거나 「유아교육법」, 「초·중등교육법」 또는 「고등교육법」에 따른 학교, 국가나 지방자치단체가 운영하는 교육기관 및 이 교육기관들의 수업을 지원하기 위하여 국가나 지방자치단체에 소속된 교육지원기관은 그 수업 또는 지원 목적상 필요하다고 인정되는 경우에는 공표된 저작물의 일부분을 복제·배포·공연·전시 또는 공중송신할 수 있다. 다만, 저작물의 성질이나 그 이용의 목적 및 형태 등에 비추어 저작물의 전부를 이용하는 것이 부득이한 경우에는 전부를 이용할 수 있다"라고 규정한다. 대학의 경우에는 「저작권법」 제25조 제4항의 규정에 따라 문화체육관광부 장관이 고시하는 기준에 맞게 보상금을 지불해야 한다.

수업목적용 복제 및 전송 등을 할 수 있는 주체는 담당 교수를 비롯해 교수의 지시를 받은 학생이 포함되는 것으로 해석된다. 그렇지만 여기에 도서관 혹은 사서가 포함되는지에 대해서는 이견이 있다.

이 조항을 좀 더 엄격히 해석해 복제나 전송의 주체가 교사나 교수 등 교원과 대학에만 한정된다는 견해와, 대학도서관이나 학교도서관은 대학 및 학교 내 기관이므로 당연히 복제의 주체가 될 수 있다는 견해가 있다.

질문 122 수업 목적으로 교수가 학술논문을 웹 사이트를 통해 학생에게 제공

교수가 대학도서관에서 구독하고 있는 학술지에서 학술논문을 복사해 스캔한 다음 디지털 파일로 변환해 학생들이 접근할 수 있는 웹페이지(또는 강의 지원 시스템)에 올려놓았다. 이는 「저작권법」에 위배되는 사항인가? 대학도서관은 어떤 제재를 가해야 하는가?

답   위배되지 않는다. 단 수업목적을 위한 복제 및 전송이어야 한다. 「저작권법」 제25조 제2항에 따르면 「유아교육법」, 「초·중등교육법」 또는「고등교육법」에 따른 학교 등은 수업 또는 지원 목적상 필요한 경우에는 공표된 저작물의 일부분을 복제·배포·공연·방송 또는 전송할 수 있다. 저작물의 성질이나 그 이용의 목적에 비추어 저작물의 전부를 이용하는 것이 부득이한 경우에는 전부를 이용할 수도 있다. 그렇지만 이 경우, 대학은「저작권법」제25조 제4항에 따라 문화체육관광부 장관이 정해 고시하는 기준에 맞게 보상금을 지불해야 한다.

이 사안은「저작권법」제25조 '학교교육 목적 등에의 이용' 제2항에 해당될 수 있으나, 학술논문을 디지털화해 제공하는 웹페이지가 강의를 수강하지 않는 불특정 다수가 접근할 수 있는 형태로 제공되어서는 안 된다. 수업과 직접 관련이 있는 사람들에게만 제한적으로 디지털 파일을 제공하고, 문화체육관광부 장관이 정하는 보상금을 지불하면 적법하게 저작물을 이용할 수 있다. 유의할 점은 수업목적으로 저작물을 이용할 수 있는 범위는 원칙적으로 저작물의 일부분이며, 부득이한 경우에 한해 저작물 전체를 사용할 수 있다는 것이다.

질문 123 도서관 소장 학술논문을 수업을 위해 온라인상에 제공

대학도서관이 인쇄본으로 소장하고 있는 학술지의 특정 논문을 디지털화해 수업 지정도서로 설정한 후 수강생들이 어디서나 이용할 수 있도록 온라인상에 제공할 수 있는가?

답   이견이 있다.

「저작권법」제31조 제2항 및 제3항에 따라 도서관에 보관된 도서 등을 디지털화한 경우 그 전송 범위는 디지털화한 도서관 내 혹은 다른 도서관 내로 제한된다. 질문의 상황은 디지털화한 자료를 도서관 밖으로 전송하는 것이므로 이 규정의 적용범위를 벗어난다.

한편 수업과 관련된 복제이므로 제25조의 적용 가능성을 검토할 수 있다. 「저작권법」 제25조 제2항에 따르면 특별법에 의해 설립되었거나 「유아교육법」, 「초·중등교육법」 또는 「고등교육법」에 따른 학교 등은 수업 또는 지원 목적상 필요한 경우에는 공표된 저작물의 일부분을 복제·배포·공연·방송 또는 전송할 수 있다. 저작물의 성질이나 그 이용의 목적에 비추어 저작물의 전부를 이용하는 것이 부득이한 경우에는 전부를 이용할 수도 있다. 그렇지만 대학은 이런 경우에 「저작권법」 제25조 제4항에 따라 문화체육관광부 장관이 정해 고시하는 기준에 맞게 보상금을 지불해야 한다.

그런데 이 조항을 좀 더 엄격히 해석해 복제나 전송의 주체를 학교나 교수 및 교수의 지시를 받은 학생 등으로만 한정해 해석해야 한다는 견해와, 대학도서관이 대학 내 기관이므로 당연히 학교에 해당되어 복제의 주체가 될 수 있다고 해석하는 견해가 있다.

질문 124 **저작권이 소멸한 웹자료를 수업 지정자료로 요청할 경우**

웹상에서 제공되는, 저작권이 소멸된 저작물(public domain)을 교수(교사)가 수업 지정자료로 정해두고, 도서관에서 이를 학생들에게 제공해달라고 요청할 경우 이를 제공할 수 있는가?

답　　그렇다.

저작권은 소유권과 달리 일정한 기간에만 보호가 이루어진다는 점이 큰 특징이다. 우리 「저작권법」은 저작자의 생존기간과 저작자 사후 70년까지 저작권을 보호한다. 보호 기간이 만료된 이후에는 누구라도 자유롭게 저작물을 이용할 수 있다는 의미다.

통상 저작권이 소멸된 저작물은 공유의 영역(public domain)에 있다고 이야기한다. 저작권이 소멸되는 경우는 그 보호 기간이 만료된 것뿐만 아니라 저작권자가 저작권을 포기하거나 상속자 없이 사망한 경우를 모두 포함한다. 공유의 영역에 해당하는 저작물은 저작권이 소멸되어 공중의 어느 누구라도 자유롭게 이용할 수 있다. 해당 저작물이 공유의 영역에 해당하는 것이라면 어떤 방식으로든 저작물을 자유롭게 이용할 수가 있다.

우리 「저작권법」은 2013년 7월 1일부로 저작권 보호 기간을 저작자 사후 70년까지 연장해 보호하고 있으며, 2013년 7월 1일 이전(6월 31일까지)에 저작권이 소멸된 경우에는 모두 공유의 영역에 해당이 된다. 따라서 저작자가 1962년 및 그 이전에 사망한 경우는 저작권이 확실히 소멸되었으며, 저작자가 저작권을 포기했거나 상속자 없이 사망한 경우에도 공유의 영역에 해당이 되어 저작물 이용을 자유롭게 할 수 있다. 이 경우에 해당한다면 누구나 자유롭게 저작물을 이용할 수 있다.

질문 **125**　**도서관 자료 DB 구축 후 원격교육용으로 제공할 경우**

도서관에서 원격교육을 지원하기 위해 도서관 자료를 스캔해 DB로 구축한 후 원격교육 대상자에 한해 제공해도 괜찮은가?

답　　　이견이 있다.

「저작권법」 제25조 제2항은 "특별법에 따라 설립되었거나 「유아교육법」, 「초·중등교육법」 또는 「고등교육법」에 따른 학교, 국가나 지방자치단체가 운영하는 교육기관 및 이 교육기관들의 수업을 지원하기 위해 국가나 지방자치단체에 소속된 교육지원기관은 그 수업 또는 지원 목적상 필요하다고 인정되는 경우에는 공표된 저작물의 일부분을 복제·배포·공연·전시 또는 공중송신할 수 있다. 다만, 저작물의 성질이나 그 이용의 목적 및 형태 등에 비추어 저작물의 전부를 이용하는 것이 부득이한 경우에는 전부를 이용할 수 있다"라고 규정한다.

이 조항의 적용을 받기 위해서는 앞의 협동수업이 제25조 제2항에 의해 면책을 인정받는 기관이 주최가 되어 이루어지는 것인지를 먼저 살펴야 한다. 유치원, 초등·중등·고등 학교 및 대학교의 정규 과정에 의한 수업인 경우에는 대체로 여기에 해당되며, 이런 교육을 지원하기 위한 교육지원기관인 도서관도 이 조항에 따라 면책을 인정받을 수 있는 기본적인 요건은 갖추고 있다. 그렇지만 이 경우에도 무조건적으로 면책이 인정되는 것이 아니고 수업 담당교사나 교수의 요청에 따라 해당 저작물의 일부분을 수업 당사자에게만 제한적으로 제공하는 경우에 한해 그 면책이 인정된다. 또한 고등학교 이하의 학교가 아닌 교육기관의 경우에는 저작물 이용에 따라 보상금을 지불해야 한다. 그리고 질문에서 제시하는 것처럼 저작물은 원격교육에 참여하는 사람들에게만 제한적으로 제공되어야 하며, 부득이한 경우를 제외하고는 저작물의 일부분만을 이용할 수 있다.

그런데 복제 등은 일반적으로 교육을 행하는 교사나 교사의 요청에 의해 학생이나 행정직원이 할 수 있다고 해석한다. 그러나 교사의 요청 없이 또는 교사의 요청이 있다고 하더라도 도서관이 복제행위의 주체가 될 수 있는지에 대해서는 이견이 있다. 따라서 교육목적용 복제물을 제공할 경우 사서는 신중을 기해야 한다. 되도록 교사 또는 교사의 지시를 받은 학생이 직접 해당 자료를 복제하도록 하는 것이 바람직하다.

인터넷을 이용해 다른 학교와 협동수업을 진행하는 데 수업에 필요한 도서관 디지털 자료를 학교도서관 상호 간에 전송해도 되는가?

답   이견이 존재한다.

「저작권법」 제25조 제2항은 "특별법에 따라 설립되었거나 「유아교육법」, 「초·중등교육법」 또는 「고등교육법」에 따른 학교, 국가나 지방자치단체가 운영하는 교육기관 및 이 교육기관들의 수업을 지원하기 위하여 국가나 지방자치단체에 소속된 교육지원기관은 그 수업 또는 지원 목적상 필요하다고 인정되는 경우에는 공표된 저작물의 일부분을 복제·배포·공연·전시 또는 공중송신할 수 있다. 다만, 저작물의 성질이나 그 이용의 목적 및 형태 등에 비추어 저작물의 전부를 이용하는 것이 부득이한 경우에는 전부를 이용할 수 있다"라고 규정한다.

이 조항의 적용을 받기 위해서는 원격교육이 제25조 제2항에 의해 면책을 인정받는 기관이 주최인지를 먼저 살펴야 한다. 유치원, 초·중·고등학교 및 대학교 정규 과정에 의한 원격교육인 경우에는 대체로 여기에 해당이 된다. 다만 이 경우에 허용되는 것은 원칙적으로 저작물의 일부분에 한정이 되며, 부득이한 경우에만 저작물 전체를 이용할 수 있다. 초·중·고등학교의 경우에는 저작물 이용에 대해 보상금을 지불하지 않아도 되지만,

전문대학 이상의 경우에는 저작물 이용에 대해 보상금을 지불해야 한다.

그런데 제25조 제2항에 근거해 복제를 할 수 있는 주체에 대해서는 이견이 존재한다. 이 조항을 좀 더 엄격히 해석할 경우 복제나 전송의 주체가 교사나 교수 등 교원과 대학에만 한정되므로 도서관이 복제나 전송의 주체가 될 수 없다는 견해와, 대학도서관이나 학교도서관은 대학 및 학교 내 기관이므로 당연히 복제의 주체가 될 수 있다는 견해가 있다.

질문 127 도서관에 의한 수업 지원 자료의 복제와 전송

대학도서관이 자관에 소장된 최신 수업용 교재를 디지털 형태로 복제한 후 이 교재를 사용하는 수업의 수강생들이 볼 수 있게 하려 한다. 가능한가?

답   가능하지 않다.

수업목적용으로 복제하거나 공중송신할 수 있는 주체는 「저작권법」 제25조에서 정하고 있는 "특별법에 따라 설립되었거나 「유아교육법」, 「초·중등교육법」 또는 「고등교육법」에 따른 학교, 국가나 지방자치단체가 운영하는 교육기관 및 이 교육기관들의 수업을 지원하기 위하여 국가나 지방자치단체에 소속된 교육지원기관"이다. 이때 교육기관이라 함은 교육기관에서 직접 교육업무를 담당하는 교원과 교원의 요청을 받은 학생이나 직원이다.

질문의 경우에 복제 및 공중송신의 주체는 도서관이므로, 이는 제25조에서 정하고 있는 범위에 포함되지 않는다. 다만 교원이 도서관에 이러한 복제 및 공중송신을 요청했을 경우 교원을 대신해 「저작권법」 제25조가 허용하는 범위 내에서 복제 및 공중송신을 할 수 있다는 해석이 있다.

장애인을 위한 복제

시각장애인 요청에 의한 오디오파일 변환

시각장애인의 요청으로 도서관의 자료를 오디오파일로 변환해 제공할 수 있는가? 또한 요청에 의해 변환한 오디오파일을 도서관 서버나 CD 등 저장매체에 저장해놓는 것은 불법인가?

답   몇 가지 조건하에서 가능하다.
「저작권법」 제33조 제2항에는 "시각장애인 등의 복리증진을 목적으로 하는 시설 중 대통령령이 정하는 시설(당해 시설의 장을 포함한다)은 영리를 목적으로 하지 아니하고 시각장애인 등의 이용에 제공하기 위하여 공표된 어문저작물을 녹음하거나 대통령령으로 정하는 시각장애인 등을 위한 전용 기록방식으로 복제·배포 또는 전송할 수 있다"라고 정하고 있다. 즉, 시각장애인을 위한 녹음이나 복제·배포·전송이 가능하기 위해서는 법에서 정한 시설, 대상저작물, 이용목적, 복제방식 등의 요건을 충족해야 한다.

먼저 해당 기관이 복제가 허용되는 시설이어야 한다. 시각장애인용 녹음이나 전용 기록방식으로의 복제·배포·전송이 가능한 시설로는 「장애인복지법」 제58조 제1항에 따른 장애인 지역사회재활시설 중 점자도서관, 국가와 지방자치단체, 비영리 목적의 법인이나 단체가 시각장애인 등의 교육·학술 또는 복리 증진을 목적으로 설치·운영하는 시설이 있다. 이 외에도 특수학교 또는 특수학급을 둔 각급 학교도 포함된다(「저작권법 시행령」 제14조 제1항). 둘째, 녹음 대상저작물이 공표된 어문저작물이어야 한다. 셋째, 이용목적이 비영리적이어야 한다. 넷째, 시각장애인 등을 위한 전용 기록방식으로 복제·배포·전송해야 한다. 시각장애인 등을 위한 전용 기록방식이란 "1. 점자로 나타나게 하는 것을 목적으로 하는 전자적 형태의 정보기록방식, 2. 인쇄물을 음성으로 변환하는 것을 목적으로 하는 정보기록방식, 3.시각장애인을 위하여 표준화된 디지털음성정보기록방식, 4. 시각장애인 외에는 이용할 수 없도록 하는 기술적 보호조치가 적용된 정보기록방식"이다(「저작권법 시행령」 제14조 '복제 등이 허용된 시각장애인 등의 시설 등').

따라서 질문의 경우, 도서관이 점자도서관이거나 혹은 국가나 지방자치단체, 비영리 목적의 법인이나 단체가 시각장애인의 복리 증진을 목적으로 운영하는 경우에 해당하고, 오디오파일로 변환하려는 도서관 자료가 공표된 어문저작물이며, 시각장애인 전용 기록방식으로 복제·배포·전송하는 것이라면 해당 자료를 오디오파일로 변환해 저장할 수 있고, 시각장애인을 위해 배포 및 전송도 할 수 있다.

도서관이 시각장애인들이 이용할 수 있도록 소장한 자료를 녹음해서 도서관 사이트를 통해 제공할 수 있는가?

답　　몇 가지 조건하에서 가능하다.

「저작권법」 제33조의 제2항에는 "시각장애인 등의 복리증진을 목적으로 하는 시설 중 대통령령이 정하는 시설(당해 시설의 장을 포함한다)은 영리를 목적으로 하지 아니하고 시각장애인 등의 이용에 제공하기 위하여 공표된 어문저작물을 녹음하거나 대통령령으로 정하는 시각장애인 등을 위한 전용 기록방식으로 복제·배포 또는 전송할 수 있다"라고 정하고 있다. 이를 질문에 적용해본다면, 첫째, 당해 도서관이 제33조 제2항에 따른 대통령령이 정하는 시설에 해당되어야 하고, 둘째, 녹음의 목적이 비영리적이어야 하며, 셋째, 해당 자료가 공표된 어문저작물이어야 하고, 넷째, 대통령령으로 정하는 시각장애인 등을 위한 전용 기록방식으로 복제·배포·전송해야 한다. 제33조 제2항에 따라 대통령령이 정하는 시설로는 「장애인복지법」 제58조 제1항에 따른 장애인 직업재활시설 중 점자도서관이 포함된다. 또한 국가와 지방자치단체, 비영리 목적의 법인이나 단체가 시각장애인 등의 교육·학술 또는 복리 증진을 목적으로 설치·운영하는 시설도 이에 해당된다. 물론 녹음 도서로 제작하는 대상 자료는 공표된 어문저작물이어야 한다. 네 번째 조건인 대통령령으로 정하는 시각장애인 전용 기록방식이란 다음 중 하나를 말하는 것이다. 즉, "1. 점자로 나타나게 하는 것을 목적으로 하는 전자적 형태의 정보기록방식, 2. 인쇄물을 음성으로 변환하는 것을 목적으로 하는 정보기록방식, 3. 시각장애인을 위하여 표준화된 디지털음성정보기록방식, 4. 시각장애인 외에는 이용할 수 없도록 하는 기술적 보호조치가 적용된 정보기록방식"이다(「저작권법 시행령」 제14조 '복제 등이 허용된 시각장애인 등의 시설 등').

따라서 해당 도서관이 이와 같이 점자도서관이거나 시각장애인의 교육이나 복리를 위해 설치되거나 운영되고 있다면 시각장애인을 위한 녹음도서를 제작할 수 있으며, 시각장애인 전용 기록방식 중 어느 한 가지 방식을 취한다면 이를 복제·배포·전송할 수 있다.

질문 130 시각장애인용 녹음 파일의 인터넷 전송

도서관이 제작한 시각장애인용 녹음 파일을 인터넷에 전송하여 시각장애인들이 휴대폰에 내려 받은 후 소리로 읽을 수 있도록 할 수 있는가?

답   가능하다.

시각장애인을 위해 공표된 어문저작물을 녹음하거나 시각장애인 전용 기록방식으로 복제·배포·전송할 수 있는 시설은 「저작권법 시행령」 제14조 제1항에 정해져 있다. 점자도서관, 국가나 지방자치단체 또는 비영리 법인이나 단체가 시각장애인의 교육, 학술, 복리 증진을 위해 설치 또는 운영하는 시설이 이에 해당된다. 당해 도서관이 이 조건에 부합할 경우 시각장애인용 녹음 파일을 제작해 인터넷을 통해 전송할 수 있다. 그런데 이때 녹음 파일의 포맷은 시각장애인을 위한 것으로 제한된다. 「저작권법 시행령」 제14조 제2항에 따르면 시각장애인 전용 기록방식이란 첫째, 점자로 출력할 수 있는 디지털 파일, 둘째, 텍스트를 음성으로 변환해주는 보이스아

이(voice eye) 등을 통해 들을 수 있도록 하는 방식, 셋째, DAISY(digital accessible information system) 형식으로 기록하는 방식, 넷째, 일반적인 파일 포맷을 사용하더라도 시각장애인 외의 다른 사람이 이용할 수 없도록 기술적 보호조치를 적용해 기록하는 것을 말한다.

질문의 상황에서 도서관이 「저작권법 시행령」 제14조 제1항에 부합하는 기관이고, 해당 파일이 「저작권법 시행령」 제14조 제2항의 어느 한 가지 방식에 해당될 경우 시각장애인이 그 파일을 자신의 휴대기기를 활용해 들을 수 있다.

질문 131 청각장애인을 위해 영상저작물에 자막을 추가하는 경우

도서관이 청각장애인을 위해 자막이 제공되지 않는 영상저작물 몇 편을 선정해 자막을 추가하는 작업을 하려고 한다. 저작권자로부터 허락을 받아야 하는가?

답   경우에 따라 다르다.

청각장애인을 위해 공표된 저작물을 수화언어로 변환하는 것은 누구든지 할 수 있으나, 영상저작물에 포함된 음성이나 음향을 자막 등 청각장애인이 인지할 수 있는 방식으로 변환하고, 이를 청각장애인이 이용할 수 있도록 복제·배포·공연·공중송신하는 것은 몇 가지 요건을 충족해야 한다. 첫째, 「저작권법 시행령」 제15조의2에 해당하는 시설에서만 가능하다. 국가, 지방자치단체, 비영리 목적의 법인이나 단체가 청각장애인 등의 교육·학술·복리 증진을 목적으로 설치 및 운영하는 시설이 이에 해당한다.

질문과 같은 상황에서 해당 도서관이 국가, 지방자치단체, 비영리 목적의 법인이나 단체에서 청각장애인의 교육이나 복리 증진을 목적으로 설립된 경우라면 영상저작물에 자막을 추가해 청각장애인이 이용할 수 있도록 공연 또는 공중송신할 수 있다. 둘째, 비영리 목적이어야 한다. 시설 요건을 충족했더라도 그 변환이 영리를 목적으로 하는 경우라면 저작권자로부터 허락을 받아야 한다. 셋째, 청각장애인이 이용하도록 제공하기 위한 것이어야 한다. 즉, 일반 이용자들을 위해 외국어로 된 영상저작물의 번역 혹은 원어 자막을 추가하는 것은 저작권자로부터 허락이 필요하다.

전시를 목적으로 한 이용

도서관 소장 사진이나 그림을 학교행사에 전시할 경우

교내 행사에 도서관이 소장한 사진이나 그림 자료를 전시할 수 있는가?

답   일시적인 전시라면 가능하다.
「저작권법」 제35조 제1항은 "미술저작물등의 원본의 소유자나 그의 동의
를 얻은 자는 그 저작물을 원본에 의하여 전시할 수 있다. 다만, 가로·공
원·건축물의 외벽 그 밖에 공중에게 개방된 장소에 항시 전시하는 경우에
는 그러하지 아니하다"라고 미술저작물이나 사진저작물의 원작품 소유자
의 권리를 규정한다. 따라서 도서관이 소장한 사진이나 그림 자료가 원작
품이라면 이를 활용해 일시적인 전시회를 기획해 작품을 전시하는 것은

저작권자의 허락 없이도 가능하다. 그렇지만 도서관 외벽이나 정원 등과 같이 일반공중이 접근할 수 있는 장소에 항시적으로 그림이나 사진을 게시하기 위해서는 저작권자의 허락이 필요하다.

질문 133 예술작품을 스캔해 도서관에서 전시할 경우

도서관에서 전시회를 개최하려고 하는데, 예술작품을 스캔해 전시할 수 있는가?

답 전시할 수 없다.

「저작권법」 제2조 제22호는 복제를 "인쇄·사진촬영·복사·녹음·녹화 그 밖의 방법으로 일시적 또는 영구적으로 유형물에 고정하거나 다시 제작하는 것을 말하며, 건축물의 경우에는 그 건축을 위한 모형 또는 설계도서에 따라 이를 시공하는 것을 포함한다"고 규정한다. 예술작품을 스캔하는 것은 저작물을 디지털 파일에 고정하는 것이므로 복제에 해당하는 행위다.

미술저작물, 사진저작물, 건축저작물의 경우에는 「저작권법」 제19조에 의해 전시권이 인정된다. 전시권은 「저작권법」 제35조에 의거해 일정한 조건하에 제한되기도 한다. 즉, 미술저작물 등의 원본 소유자나 그의 동의를 얻은 자는 그 저작물의 원본을 전시할 수 있다. 단, 건축물의 외벽 등 공중에게 항상 공개되어 있는 곳에 전시하는 것은 저작권자의 허락이 필요하다. 이때 원본이란 저작자가 직접 제작한 것뿐 아니라 판화와 같이 저작자의 의사에 따라 복수로 제작된 오리지널 카피본도 해당된다.

그런데 질문의 상황에서 도서관이 소장한 예술작품을 스캔해 전시하는 것은 원본을 전시하는 것이 아니므로 사용할 수 없다.

질문 134 | 도서관에서 사진을 전시할 경우 초상권 문제

학교의 역사와 관련된 전시를 기획하고 있다. 인물사진을 전시하기 위해서는 초상권자로부터 허락을 받아야 하는가?

답　　　반드시 허락을 받아야 하는 것은 아니지만, 가능하면 초상 당사자의 허락을 받는 편이 바람직하다.

초상권은 실정법에 의해서 그 요건이 정해진 권리가 아니라 헌법의 인간 존엄성과 기본 인격 보장, 사생활의 비밀과 자유에 의해 보호가 이루어진다. 초상권은 자신의 의사에 반해 자신의 신체를 촬영당하지 않을 권리인 촬영거절권과 자신의 의사에 반해 자신의 신체적 특징을 담은 초상의 복제나 공표를 거절할 수 있는 공표거절권으로 구성이 된다. 따라서 인물사진을 전시에 활용하기 위해서는 초상 당사자의 허락을 필요로 한다. 그렇지만 질문의 경우와 같이 학교 역사를 다루는 사진에서 초상 당사자를 찾아내어 전시를 통한 공표에 대해 허락을 받는 것은 실질적으로 불가능하다.

실제로 이런 사례는 매우 빈번하며, 사회 공익적인 취지에서 개인의 동의 없이도 초상을 사용해야만 하는 경우가 얼마든지 있을 수 있다. 이렇듯 개인의 초상 보호 이익보다 공공의 알 권리나 공동체의 이익이 훨씬 더 큰 경우에는 초상권의 보호가 불가피하게 제한되기도 한다.

질문의 경우에는 학교의 역사를 기리기 위한 취지에서 학교라는 공동체의 결속을 다지기 위한 공익적인 취지를 띠고 있으므로 초상권 제한 사유에 해당될 개연성이 매우 높다. 그렇지만 초상을 사용한다고 하더라도 초상의 내용 자체가 사회 상규에 어긋나거나 개인의 사생활이나 비밀 영역을 침범하는 경우라면 초상권 제한 사유에 해당이 되기 어렵다. 따라서 전시회에 사용할 사진을 고르고 선별하는 과정에서 개인의 사생활이나 명예를 훼손할 내용이나 비밀 보호와 관련된 사항이 없는지를 세심하게 살펴야 한다.

질문 135 원본 미술저작물의 도서관 전시

도서관이 소장하고 있는 미술저작물 원본을 도서관 복도의 벽에 전시할 수 있는가?

답 전시할 수 있다.
「저작권법」 제35조에 따르면 "미술저작물등의 원본의 소유자나 그의 동의를 얻은 자는 그 저작물을 원본에 의하여 전시할 수 있다. 다만, 가로·공원·건축물의 외벽 그 밖에 공중에게 개방된 장소에 항시 전시하는 경우에는" 저작권자의 허락을 필요로 한다. 따라서 미술저작물을 일시적으로 (그 기간이 얼마인지는 다소 불명확하지만) 전시하는 것이라면 도서관 건물의 외벽이라도 저작권자의 허락 없이 그 원본을 전시할 수 있다. 이 질문에서 도서관 복도의 벽은 가로나 공원, 건물 외벽과 같이 공중에게 개방된 장소가 아니므로 도서관이 소장한 미술저작물이 원본이라면 상시적으로 전시할 수 있다.

도서관이 미술저작물의 복제본을 구입해 도서관 복도에 전시할 수 있는가?

답　　저작자의 허락이 필요하지 않은 것으로 추정할 수 있다.

미술저작물, 사진저작물, 건축저작물은 「저작권법」 제19조에 따라 그 원본이나 복제물을 전시하기 위해서는 저작권자의 허락이 필요하다. 다만 미술저작물 등 원본을 소유한 사람이 그 원본을 이용해 건물의 외벽 등과 같이 공개된 장소에 일시적으로 전시하거나, 건물 내부에 상시 전시하는 것은 「저작권법」 제35조에 따라 저작권자의 허락 없이도 가능하다. 따라서 법률의 문언적인 해석만으로 살펴볼 때, 미술저작물 등의 복제본을 구입해 전시하는 것이라 하더라도 저작권자의 허락을 필요로 한다. 그렇지만 복제본은 미술저작물 등의 원본과는 달리, 물품 그 자체를 소장함으로써 소유자가 얻을 수 있는 경제적인 가치가 없기 때문에 전시에 활용할 목적이 아닌 경우라면 구매자가 굳이 복제본을 구입해야 할 이유가 없을 것이다. 또한 저작권자가 복제물 제작을 허락했을 때는, 그 복제물이 어느 곳에서든 전시가 될 수 있으리라는 것을 충분히 미루어 짐작하고 있을 것이고, 복제본의 판매 가격에 이미 저작물의 전시 사용에 관한 저작권료가 포함된 것으로 볼 수 있을 것이다.

　우리 법에서는 이러한 부분에 대해 명확한 규정을 두고 있지 않아 다소 혼란스러운 부분이 존재한다. 미국 「저작권법」에서는 미술저작물의 복제본을 적법하게 구입한 경우에는 저작권자의 허락 없이도 해당 복제물을 활용해 전시할 수 있도록 허용하는 것을 명문화하고 있다. 미국의 법을 우리나라에 그대로 적용할 수는 없지만, 적법하게 제작된 미술저작물의 복제물을 적법한 방법으로 구입해 전시하는 경우에는 저작권자의 허락을 이미 얻은 것이라고 추정하는 편이 좀 더 타당할 것이다.

질문 137 원본 미술저작물을 복제해 도서관에서 전시하는 경우

도서관이 소장하고 있는 미술저작물의 원본을 복제해 도서관 복도에 전시할 수 있는가?

답 저작권자의 허락이 필요하다.

미술저작물의 원본 소유자라 하더라도 복제본을 제작하기 위해서는 저작권자의 허락을 받아야 한다. 또한 「저작권법」 제35조가 규정하는 사항은 원본 소유자의 원본 전시에 관한 사항이기 때문에 이 경우에 적용할 수가 없다. 따라서 미술저작물의 저작권이 소멸하지 않았다면 전시에 관해서도 저작권자의 허락이 필요하다.

질문 138 도서의 일부분을 복제해 일시적으로 전시하는 경우

도서관에 소장된 책의 일부분 또는 그림을 복사해 도서관 내외의 행사나 축제에서 전시할 수 있는가?

답 저작권자의 허락이 필요하다.

「저작권법」 제31조에서 도서관이 저작물을 복제할 수 있도록 허용하는 것은 조사·연구를 목적으로 하는 이용자의 요청에 의한 경우와 저작물의 자체보존이나 다른 도서관에 보존용으로 제공하는 경우로만 제한적으로 해석되어야 한다. 이 경우 복제되는 도서 또는 그림은 이용자에게 제공하려는 것도 아니고, 보존을 위한 것도 아니다. 전시라는 또 다른 목적을 위해 사용되는 것이기 때문에 저작물의 복제에 앞서 저작권자의 허락을 받아야만 한다. 어문저작물의 경우에는 전시권이 인정되지 않기 때문에 복제에 관한 허락만으로도 전시를 할 수 있다. 미술저작물에 해당되는 그림의 경우에는 복제뿐만 아니라 전시에 관한 허락도 함께 받아야만 적법하게 전시할 수 있다.

질문 **139** 도서의 일부분이나 그림을 확대·복사해 전시하는 경우

도서관에 소장된 책의 일부분 또는 그림을 확대·복사해 도서관 내외의 행사나 축제에서 전시할 수 있는가?

답   저작권자의 허락이 필요하다.

「저작권법」 제31조에 따라 도서관이 저작물을 복제할 수 있도록 허용하는 것은 조사·연구를 목적으로 하는 이용자의 요청에 의한 경우와 저작물의 자체보존이나 다른 도서관에 보존용으로 제공하는 경우로만 한정해 해석해야 한다. 이 경우 복제되는 도서 또는 그림은 이용자에게 제공하려는 것도 아니고, 보존을 위한 것도 아니다. 전시라는 또 다른 목적을 위해 사용되는 것이기 때문에 저작물의 복제에 앞서 저작권자의 허락을 받아야만 한다. 어문저작물의 경우는 확대하는 과정에서 특별히 주의해야 할 사항이 없지만, 미술저작물 등의 경우에는 저작물의 내용, 형식, 제호 등이 임의로 변경되지 않도록 주의해야 한다. 특히 가로와 세로의 비율 등을 원작과 동일하게 유지해 「저작권법」 제13조에 따른 동일성유지권을 침해하지 않도록 주의를 기울여야 한다. 우리 법에서는 어문저작물의 전시권을 인정하지 않기 때문에 복제에 관한 허락만으로도 전시에 제공할 수 있지만, 미술저작물에 해당되는 그림의 경우에는 복제뿐만 아니라 전시에 관한 허락도 함께 받아야만 한다는 점을 유의해야 한다.

10

오픈액세스

도서관 모체기관에 저작권이 귀속된 저작물의 디지털화

기관 내에서 발간된 연구 보고서를 디지털화하려고 한다. 보고서상에 소속기관이 저작권자임을 밝히는 문구가 명시되어 있다면, 내부 업무 협의만으로 저작물을 서비스해도 무방한 것인가?

답   무방하다.

저작권은 저작물 창작자에게 부여되는 권리이지만, 계약에 따라 다른 사람에게 양도될 수도 있으며, 특정한 기관이나 회사에 소속된 직원이 직무의 일환으로 작성한 경우에는 법인이 저작권자가 되기도 한다. 따라서 해당 기관이 저작물의 저작권을 보유하고 있는 경우라면 해당 저작물을 관리하는 내부 부서와의 업무 협의만으로도 저작물을 온라인상에 서비스해도 무방하다. 회사에 소속된 직원이 직무의 일환으로 작성한 법인 명의로 공표된 저작물의 경우에는 문제가 발생할 소지가 없다.

다만 외부 위탁에 의해 작성된 저작물의 경우에는 저작권 양수에 관련된 계약 내용이 서면으로 작성되어 있는지 확인할 필요가 있다. 간혹 원고료나 용역비를 지불한 것만으로 저작권이 발주처에 있는 것으로 오해하는 사람들이 있을 수 있으므로, 반드시 서면으로 작성된 계약의 내용을 통해 사실 관계를 명확히 확인해야 한다.

질문 **141** 교비지원을 받은 저작물의 디지털화

교비지원을 받은 저작물을 저작자의 허락을 받아 온라인에 서비스하려고 하는 데 저작권과 관련된 문제는 없는가?

답　　저작권자의 허락을 받아 이용하는 경우라면 전혀 문제가 없다. 교비 지원을 받았다고 하더라도, 해당 저작물의 저작권이 논문의 저자나 학교에 있다고 단언할 수는 없다. 저작권은 원천적으로 저작물의 창작자에게 부여되는 권리이며, 저작권을 보유한 사람에게 적절한 이용허락을 받았다면 아무 문제 없이 저작물을 이용할 수 있다.

다만 저작물을 출판하거나 또 다른 방식으로 공표하는 과정에서 저작자가 저작권을 타인에게 양도하는 경우가 있을 수 있다. 예컨대 최근에 발간되는 학회지의 경우에는 대개 논문의 저자로부터 저작권을 양도받는다. 이 경우에 해당이 된다면, 학술논문의 저자가 아니라 저작권자, 즉 해당 학회로부터 저작물 이용에 대해 허락을 받아야 한다.

^{질문}142   CCL 정의

CCL이란 무엇인가?

답   **자유이용허락제도다.**

저작권의 문제점 중 하나는 저자의 의도와는 상관없이 저작권 보호가 이루어진다는 점이다. 예컨대 학술논문의 저자가 원하는 것은 저작물을 통해 경제적 이득을 취하기보다는 자신의 저작물이 널리 활용되어 연구 성과를 다른 사람들과 공유하고 확산하는 것일 수도 있다. 그런데 「저작권법」은 이런 의도를 가진 저작자들이 자신의 저작물에 대한 이용허락을 용이하게 하는 방법을 제공하지는 않는다.

이처럼 저작권 제도가 가진 맹점을 보완하기 위해 마련된 제도가 바로 CCL(Creative Commons License)이다. CCL은 로런스 레식(Lawrence Lessig) 교수의 제안에 의해 만들어진 것으로, 저작물을 공표하면서 저작물 이용에 관한 허락 조건을 미리 표시해두는 일종의 자유이용허락제도다. 저작물에 미리 표시된 저작물 이용 조건의 범위에서 저작물 이용자는 저작권자에게 별도의 허락을 구하지 않고 자유롭고 편리하게 저작물을 이용할 수 있다. 물론, 라이선스에서 허용하는 조건 이외의 방식으로 사용하고자 할 경우 이용자는 저작권자로부터 허락을 얻어야 한다.

CCL이 적용된 저작물은 어떻게 이용할 수 있는가?

답　　라이선스 유형에 따라 사용 범위가 다르다.

CCL은 저작자 표시, 영리적인 사용의 허락 여부, 저작물의 임의적인 변경 가능 여부 등을 조합해 사용요건을 제시하고 있다. CCL은 유형에 따라 상이한 내용을 쉽게 표현하기 위해 153쪽의 표와 같이 로고를 저작물에 부착하는데, 그 제시된 조건의 범위 내에서 자유로운 이용이 가능하다.

인터넷에 CC BY-NC라는 라이선스가 적용되어 있는 저작물을 도서관이 내려 받아 자관의 DB에 업로드할 수 있는가?

답　　업로드할 수 있다.

CC BY-NC는 CC 라이선스 중에서 저작자를 표시하고 비영리 목적이라면 그 저작물을 복제·배포·공연·공중송신 할 수 있고, 2차적 저작물의 작성도 허용된다. 저작자를 표시한다는 것은 저작자의 이름, 저작물의 제목, 출처 등 저작자에 관해 표시를 하는 것이다. 이 라이선스의 구체적인 내용은 크리에이티브 커먼즈의 이용허락규약(legal code)에 자세히 명시되어 있다. 이 규약에 따르면 이용허락자는 저작권이 존속되는 기간 동안 이용자

CCL(Creative Commons License)의 저작물 이용허락 유형

기호	이용 조건	문자 표기
	저작자 표시 저작자 이름, 저작물 제목, 출처 등 저작자에 관해 표시해야 한다.	CC BY
	저작자 표시-비영리 저작자를 밝히면 자유로운 이용이 가능하지만, 영리 목적으로는 이용할 수 없다.	BY-NC
	저작자 표시-변경 금지 저작자를 밝히면 자유로운 이용이 가능하지만, 변경 없이 그대로 이용해야 한다.	BY-ND
	저작자 표시-동일 조건 변경 허락 저작자를 밝히면 자유로운 이용이 가능하고 저작물의 변경도 가능하지만, 2차적 저작물에는 원저작물에 적용한 것과 동일한 라이선스를 적용해야 한다.	BY-SA
	저작자 표시-비영리-동일 조건 변경 허락 저작자를 밝히면 이용이 가능하며 저작물의 변경도 가능하지만, 영리 목적으로 이용할 수 없고 2차적 저작물에는 원저작물과 동일한 라이선스를 적용해야 한다.	BY-NC-SA
	저작자 표시-비영리-변경 금지 저작자를 밝히면 자유로운 이용이 가능하지만, 영리 목적으로 이용할 수 없고 변경 없이 그대로 이용해야 한다.	BY-NC-ND

가 저작물을 복제·배포·전송·전시·공연·방송하거나, 편집저작물 및 DB로 제작하거나, 2차적 저작물의 작성도 허락한다. 또한 이 라이선스는 현재 알려져 있거나 미래에 개발되는 모든 매체나 형식으로도 이루어질 수 있으며, 저작물을 다른 매체 및 형식으로 이용하기 위해 기술적으로 수정하는 것도 허용한다.

다만 이와 같은 허락 사항이 상업적인 이익이나 금전적 보상을 받는 것을 주된 목적으로 할 경우에는 제한된다. 또한 저작물 이용 시 저작물에 대한 모든 저작권 표시를 제거하거나 변경시켜서는 안 되며, 원저작자의 성명(이명이 있는 경우에는 이명), 저작물의 제호, 합리적으로 가능한 한도에서 이용허락자가 저작물과 연관되어 있다는 것을 명기한 통합자원식별자(URI: Uniform Resource Identifier)(통합자원식별자가 저작물에 대한 저작권 표시나 이용허락에 관한 정보와 관련되지 않는 경우에는 제외), (2차적 저작물의 경우에는) 2차적 저작물을 작성해 이용했다는 것(예컨대 '원저작자의 저작물을 한국어로 번역한 것임' 또는 '원저작자의 저작물에 기초한 각본임') 등을 표시해야 한다. 또한 저작자의 명예를 훼손할 정도로 변경해 저작물의 내용이나 형식 및 제호의 동일성을 침해하지 않아야 한다.

질문 145 기관에서 발행하는 학술지의 디지털화

대학도서관이 그 대학의 연구소에서 발간하고 있는 학술지를 오픈액세스 기관 리포지터리에 추가하기 위해 디지털화할 수 있나?

답   경우에 따라 다르다.

오픈액세스 기관 리포지터리는 그 안에 포함된 자료가 전 세계 인터넷망을 통해 공개된다. 「저작권법」 제31조 제2항에서 허용하는 도서관이 디지털화할 수 있는 경우는 그 이용범위가 도서관 내 전송 또는 도서관 상호 간 전송으로 제한된다. 따라서 질문과 같은 경우라면 제31조 제2항을 적용해 디지털화하고 전송할 수 없다.

다만 해당 학술지 논문의 저작권이 누구에게 있는지 또는 논문의 이용에 대해 권리자가 어떻게 이용허락을 하고 있는지에 따라 도서관의 디지털화가 가능할 수도 있다. 학술지 논문의 저작권은 1차적으로 논문의 저자에게 있다. 그러나 학술지를 출판하는 기관이 논문의 저자로부터 저작권을 양도받는 경우가 많다. 만일 질문의 상황에서 연구소가 해당 학술지에 수록된 논문의 저작권을 저자에게 양도받은 경우라면 도서관은 연구소로부터 디지털화에 대한 허락을 얻어야 한다. 그런데 만일 해당 학술지가 오픈액세스 학술지이고 학술지 출판기관 차원에서 혹은 개별 논문의 저자가 CCL을 적용하고 있다면, 도서관은 이에 따라 연구소 발간 학술지를 디지털화해 리포지터리에 추가할 수 있다.

질문 146 저자의 셀프아카이빙 대행 가능성

대학의 연구소 연구원이 자신이 그동안 출판한 논문을 오픈액세스 리포지터리에 제출해달라고 사서에게 요청했다. 사서는 이 연구원을 대신하여 논문을 리포지터리에 업로드할 수 있는가?

답   가능하다.

자신이 출판한 논문을 오픈액세스 리포지터리에 업로드해달라고 도서관
에 요청한 경우라면, 도서관이 이를 대행할 수 있다. 다만 해당 연구원이
그 논문을 리포지터리에 업로드할 수 있는 권한을 소유하고 있는지 확인
해야 한다. 일반적으로 학술지에 논문을 게재할 경우 저자는 자신의 논문
에 대한 저작권을 학술지 출판기관에 양도하게 된다. 이런 경우라면 저자
가 더는 자기 논문에 대한 저작권자가 아니다.

그러나 저자나 저자를 지원하는 연구비 지원기관, 저자가 소속된 대학
등에서 기관 리포지터리에 셀프아카이빙 등을 요구하면서 학술지 출판사
가 저자에게 기관의 오픈액세스 리포지터리나 주제 분야별 리포지터리에
아카이빙할 수 있도록 허락하는 경우도 많다. 다만 아카이빙할 수 있는 시
점(엠바고 기간)이나 논문의 버전(프리프린트 혹은 포스트프린트 등) 등 그 허락의
범위가 출판사마다 상이하므로, 논문의 저자뿐만 아니라 이를 대행하는
사서도 이런 사항을 잘 파악할 필요가 있다.

질문 147 소속 교수 논문의 아카이빙

대학도서관이 국내외의 오픈액세스 리포지터리에 공개되어 있는 그 대학
교수들의 논문 파일을 내려 받아 해당 대학 기관 리포지터리에 다시 업로
드할 수 있는가?

답   경우에 따라 다르다.
「저작권법」 제31조는 기본적으로 도서관에 보관된 도서에 대한 규정이므
로, 질문의 상황은 이 조항과는 무관하다. 그러나 오픈액세스 리포지터리

에 공개된 해당 논문에 CCL이 적용되어 있다면 대학도서관은 이를 내려 받아 자관의 기관 리포지터리에 다시 업로드할 수 있다. CCL은 CC BY(저작자 표시), CC BY-NC(저작자 표시-비영리), CC BY-ND(저작자 표시-변경 금지), CC BY-SA(저작자 표시-동일 조건 변경 허락), CC BY-NC-SA(저작자 표시-비영리-동일 조건 변경 허락), CC BY-NC-ND(저작자 표시-비영리-변경 금지) 등의 유형이 있다. NC가 부가된 것은 영리 목적의 이용을 금지하는 것이며, ND는 2차적 저작물의 작성을 금지하는 것이다. 대학도서관이 해당 기관 소속 교수들의 논문 파일을 다운로드받아 기관 리포지터리에 업로드하는 것은 비영리 목적이며 2차적 저작물로 작성하는 것도 아니므로, 어떤 유형의 라이선스라도 업로드는 가능하다.

그런데 오픈액세스 리포지터리에는 이와 같이 CCL이 적용되지 않는 논문이 많이 있다. 이는 개인이 인터넷에서 열람하고 내려 받는 것만 허용한 것이다. 설령 비영리 목적이라 하더라도 대학도서관이 이를 기관 리포지터리에 업로드하는 것까지 허용했다고 보기 어렵다.

정부 기금을 받았다고 표기된 학술논문이라면 도서관이 인터넷에 공개하기 위해 저작권자로부터 허락을 얻지 않고 복제하거나 전송할 수 있는가?

답   아니다.

정부의 기금을 받아 수행한 연구 성과를 누구나 이용할 수 있는 오픈액세스 리포지터리에 셀프아카이빙해야 한다고 규정하는 국가나 기관이 상당수 있다. 또는 오픈액세스 학술지에 실어 출판되도록 하는 경우도 있다. 그런데 오픈액세스 리포지터리에 포함되어 있거나 오픈액세스 학술지에 게재된 논문이라 하더라도 무조건 도서관이 이를 복제하거나 전송할 수 있는 것은 아니다. 해당 논문 혹은 해당 논문을 게재한 학술지가 CCL 등 자유이용 라이선스를 적용하고 있다면 그에 따라 도서관도 복제나 전송이 가능하다.

마찬가지로 한국 정부의 기금을 받아 출판했다는 사실이 표기된 논문이라고 하더라도 저작권자로부터 허락을 받지 않고 복제하거나 전송할 수 있는 것은 아니다. 설령 그 논문이 오픈액세스 리포지터리나 오픈액세스 학술지에 게재된 것이라고 해도 마찬가지다. 오픈액세스 학술지 중에는 논문의 재사용에 대해 어떠한 이용허락도 명시하지 않는 경우가 많기 때문이다.

또한 우리나라의 경우 정부의 기금을 받아 수행한 연구 성과에 CCL 등의 자유이용 라이선스를 적용해야 한다는 규정도 없다. 예컨대 '인문사회 분야 학술지원사업 처리규정'(교육부 훈령 제112호, 2014.8.21. 교육부 훈령 제233호, 2017.7.11 일부 개정)에 따르면 공공 기금을 지원받아 수행한 학술 연구 성과물에 대한 저작재산권은 연구를 주관한 기관, 즉 연구자에게 있지만, "전문기관의 장은 연구성과 활용을 촉진하기 위하여 일정 기간을 정하여 저작재산권(「저작권법」상의 저작재산권을 의미한다)을 정부의 소유로 할 수 있다. 다만, 이 경우 권리의 이전 및 소유에 관한 사항을 협약에 명시하여야 한다"(「저작권법」 제33조 제4항)라고 정하고 있을 뿐이다. 또한 "전문기관의 장은 연구자로부터 연구성과에 관한 이용허락을 받아 전문기관의 인터넷 홈페이지 등을 통하여 일반인에게 제공할 수 있다"(「저작권법」 제34조 제3항)라고 정하고 있다.

우리 대학은 대학원생이 디컬렉션(dCollection: Digital Collection)에 석사 및 박사 학위논문을 제출하는 것을 의무화하고 있다. 또한 반드시 CCL 가운데 어느 한 유형의 라이선스를 선택하도록 했다. 이는 논문 제출자의 저작권을 침해하는 것 아닌가?

답   **침해하는 것은 아니다.**

학위논문의 저작권자는 1차적으로 그 논문을 쓴 학생이다. 저작권자인 학생은 자신의 학위논문에 대한 권리 행사를 자신의 의지에 따라 할 수 있어야 한다. CCL은 여러 가지 유형이 있지만 결국 자신의 저작물을 공중이 특정한 조건하에서 자유롭게 사용할 수 있도록 허락한다는 내용의 라이선스다. 저작권자는 양도나 이용허락 방식으로 자신의 권리를 행사한다. 어떤 조건으로 타인에게 자신의 저작물에 대한 이용허락을 할 것인지는 「저작권법」이 저작권자에게 부여한 고유한 권한이다.

국내의 많은 대학이 디컬렉션 리포지터리를 통해 학위논문을 제출받고 있다. 학위논문을 디컬렉션을 통해 제출받는 것은 학교의 행정적인 편의를 위한 것으로 저작권과 무관하게 시행할 수 있다. 그러나 논문 제출자가 반드시 CCL 중 어떤 한 유형을 적용해야 한다고 강제하는 것은 저작권자의 권리 행사를 제한하는 것이다. 이보다는 논문 제출자가 CCL을 선택할 수 있도록 홍보하거나 교육한 후 자발적으로 선택할 수 있도록 권고하는 것이 바람직하다.

11

콘텐츠 제작

질문 **150** **독서 장려를 위해 도서 일부를 온라인에 게시할 경우**

독서 장려를 위해 도서관에서 선정한 어떤 책의 한두 쪽을 매일 스캔해 도서관 웹사이트에 올리는 것도 「저작권법」에 저촉되는가?

답   저촉된다.

「저작권법」 제2조 제22호에서는 복제를 "인쇄·사진촬영·복사·녹음·녹화 그 밖의 방법으로 일시적 또는 영구적으로 유형물에 고정하거나 다시 제작하는 것을 말하며, 건축물의 경우에는 그 건축을 위한 모형 또는 설계도서에 따라 이를 시공하는 것을 포함한다"라고 규정한다. 또한 제2조 제10호에서는 전송을 "공중송신 중 공중의 구성원이 개별적으로 선택한 시간과 장소에서 접근할 수 있도록 저작물등을 이용에 제공하는 것을 말하며, 그에 따라 이루어지는 송신을 포함한다"라고 정의한다.

책의 한두 쪽을 웹사이트에 게재하기 위해 해당 쪽을 복제해 업로드하는 행위는 전송에 해당된다. 이 경우 저작물의 복제와 전송이 동시에 이루어지므로, 비록 그 분량이 소량에 불과하고 독서 장려라는 공익적인 취지에서 이루어지는 행위라고 하더라도 저작재산권자의 허락을 필요로 한다는 것이 원칙이다.

책의 한두 쪽이라고 하더라도, 예컨대 시나 사진, 그림 등의 경우는 그 자체가 완전한 저작물 1편에 해당될 수 있기 때문에 이는 명백한 저작권 침해가 된다. 다만 독서 진흥이라는 취지를 고려할 때, 예컨대 2000쪽의 소설 중 한두 쪽을 업로드하는 행위는 「저작권법」제35조의3이 규정하는 '저작물의 공정한 이용'에 해당할 가능성도 있지만, 질문과 같이 동일한 책에서 한두 쪽을 연달아 업로드할 경우에는 저작권 침해의 책임을 피할 수 없다.

질문 151 외부 강사의 강연을 녹화해 제공할 경우

외부 초빙 강사의 강연을 녹화해 홈페이지에 올려 내부 교직원에게 제한적으로 제공하는 것도 「저작권법」을 위반하는 것인가?

답　　초빙 강연이 이루어질 때 초청 강사에게 서비스의 내용과 범위를 허락받은 경우라면 저작권 위배에 해당하지 않는다.

외부 초빙 강사의 강연을 녹화하는 일은 「저작권법」이 규정하는 복제에 해당되고, 그것을 홈페이지를 통해 다른 사람들과 공유하는 것은 전송에 해당된다. 「저작권법」은 공중을 특정 다수인을 포함하는 불특정 다수인(「저작권법」 제2조 제32호)이라고 정의하고 있다. 학교 교직원은 가족이나 친지와 같이 4~5명 정도의 소규모 집단이 아니라 '공중'에 해당이 되기 때문에 홈페이지를 통해 강연을 제공하는 것은 명백히 전송에 해당된다. 질문의 경우 외부 강사를 초청해 강연을 할 때, 강연을 영상으로 제작할 것이며 홈페이지를 통해 내부 직원들에게 공개할 것임을 미리 허락받으면 적법하게 저작물을 활용할 수 있다. 이미 강연이 이루어진 뒤라면 해당 강연자에게 서비스에 대해 허락을 받아야 한다.

질문 152 외부 지원을 받은 저작물의 온라인서비스

외부 지원을 받아 제작된 저작물을 교내 이용자에게 온라인서비스를 하기 위해서 어떤 조치가 필요한가?

답   적법한 절차로 저작권자에게 허락받아 서비스해야 한다.

누구의 지원을 받아 작성된 저작물인지는 원칙적으로 저작권과 직접 관련되지 않는다. 다만 지원을 하는 과정에서 지원기관이 저작권을 양도할 것을 요구하거나, 저작물 사용에 관해 조건을 제시하는 경우는 얼마든지 있을 수 있다. 이 경우에는 저작물의 저작권자가 누구인지를 가장 우선적으로 확인해야 한다. 저작권이 저작자에게 그대로 남아 있다면 저작자의 허락을 받은 연후에 온라인서비스를 제공할 수 있고, 지원기관으로 저작권이 양도되었다면 해당 기관의 허락을 받은 뒤에 온라인서비스를 제공할 수 있다.

도서관이 소장한 자료의 서지사항과 초록만으로 DB를 구축하려고 하는데, 저작권자의 동의가 필요한가?

답 서지사항의 DB 구축은 가능하지만, 초록은 조심스러운 접근이 필요하다.

서지사항은 단순한 사실의 나열이므로 목록 DB를 구축하는 과정에서 저작재산권자로부터 허락을 받지 않아도 된다. 초록은 학위논문이나 연구논문의 서두나 말미에 저자가 직접 작성해 붙이는 것이 일반적이다. 초록은 논문의 내용을 집약해 정리해놓은 것으로 그 자체만으로도 독립적인 저작물이 될 수 있다. 이 경우에는 저작권자의 허락을 얻어 서비스해야 한다. 반면에 사서나 정보 관리자들이 직접 초록을 작성하는 경우도 있다. 이때 초록의 저작자는 직접 초록 작성에 관여한 사람이 된다. 이 경우 저작자의 원래 의도와 어긋나지 않게 작성해야 동일성유지권을 침해하지 않을 수 있다. 즉, 초록은 저작권이 미치는 영역이므로 DB 구축 시 권리자의 허락을 받는 것이 원칙이다.

그러나 초록은 저작물을 본격적으로 읽기 전에 저작물의 내용을 간략히 소개하는 성격이 있으므로, 이를 공개하는 것이 오히려 저작물의 이용이나 판매에 도움을 줄 수도 있다. 이런 경우까지 저작권으로 제한하면 저작자의 경제적 이익보호라는 실익에 도움을 주지 못하고, 저작물 이용자의 불편을 초래하므로 불합리한 측면이 있다.

한편 「저작권법」 제35조의3은 저작권 제한의 일반 조항과는 구별되는 포괄적인 의미의 저작물 공정이용에 관한 기준을 제시하고 있다. 초록을

DB로 구축한다는 것은 그에 해당하는 원논문의 이용을 독려하기 위한 것이므로, 이러한 행위는 저작물의 잠재적 시장이나 저작권자의 경제적 이익을 침해하지 않으므로 공정이용에 해당할 수 있다. 그렇지만 공정이용 여부에 대한 판단은 법원의 판단에 의해 결정되는 것이기 때문에 이 경우가 반드시 공정이용에 해당한다고 단언할 수는 없다.

<table>
<tr><td>질문
154</td><td>**정기간행물 목차와 관련 이미지 자료 일부를
온라인상에 제공할 경우**</td></tr>
</table>

공공도서관에서 연속간행물의 차례를 웹사이트에 올리면서 특정 차례와 관련된 원문 이미지(지도 그림, 약도 그림, 위치도 그림, 여행패키지 경유 그림 및 여러 웹사이트 주소가 실린 페이지의 일부)를 이용자가 웹상에서 볼 수 있도록 제공하고자 한다. 이 경우 「저작권법」에 저촉되는가?

답   공정이용에 해당할 여지는 있지만, 된다고 단언하기는 어렵다. 「저작권법」은 저작물의 요건을 인간의 사상과 감정을 창작적으로 표현한 것으로 규정한다. 창작적으로 표현한다는 것은 다른 사람의 표현을 베끼지 않고 그 표현을 처음으로 만드는 것을 의미한다. 저작물은 저작권의 객체가 되는 것으로, 특정 정보나 콘텐츠가 저작권 보호의 대상인지를 확인하기 위해서는 그것이 「저작권법」이 인정하는 저작물에 해당이 되는 것인지를 살펴보아야 한다. 따라서 이 사안에서는 연속간행물에 수록된 지도, 약도, 위치도, 여행패키지 경유 그림이 과연 저작물에 해당하는지를 먼저 살펴봐야 한다. 대상이 되는 지도, 약도, 패키지 경유 그림 등도 대체로 여행과 관련된 사항을 창의적으로 재구성한 것이라고 볼 수 있으므로,

「저작권법」이 규정하는 저작물에 해당된다고 보아야 한다. 이런 것들이 저작물에 해당이 된다면 이를 웹사이트에 제공하기 위해서는 각각의 저작재산권자에게 허락을 받아야만 한다.

다만 이것이 저작물에 해당된다고 해도 저작물을 이용하는 목적이 공익적이고 저작물의 잠재적인 시장에 미치는 영향 등이 그다지 크지 않다면 공정이용에 해당될 여지는 있다. 공정이용 여부에 대한 판단은 법원에 의해 결정되기 때문에, 이와 같은 이용이 공정이용에 해당된다고 단언할 수는 없다.

질문 155 온라인 유통 저작물의 사용 가능 여부

온라인상에 유통되는 저작물을 저작자나 출처를 밝히고 이용하면 「저작권법」상 문제가 없는가?

답   문제가 있을 수 있다.

온라인상에 저작물이 유통된다고 하여 저작권자가 저작물을 누구나 자유롭게 이용하도록 허락한 것이라고 단정할 수는 없다. CCL과 같이 저작물을 온라인상에 업로드하면서 미리 저작물 사용 조건을 제시하고 있는 경우라면 그 제시된 조건의 범위 내에서 자유롭게 저작물을 이용할 수 있다. 그러나 저작물 사용 허락 조건을 제시하지 않고 있는 경우라면 저작권자의 허락을 받아 저작물을 이용해야 한다. 단, 새로운 저작물을 만들어내는 과정에서 불가피하게 이루어질 수밖에 없는 '인용' 등 지극히 제한적인 경우에 한해 저작자나 출처만 밝히고 저작물을 이용할 수 있다.

도서관이 디지털 자료를 만들었을 경우 그에 대한 저작권은 누가 소유하는가?

답   경우에 따라 다르다.

도서관이 디지털 자료를 만드는 경우는 크게 두 가지로 구분해 살펴볼 수 있다. 먼저 도서관이 기획해 새로운 저작물을 만드는 경우다. 이 경우에 해당이 된다면 해당 저작물의 저작권을 도서관이 소유할 수 있다. 다만 실제로 저작물을 창작하는 데 관여했던 사람들의 권리에 대해 적절한 처리가 필수적으로 동반되어야만 한다.

둘째, 도서관이 소장한 자료를 활용해 만든 디지털 자료의 경우다. 이 경우에 도서관이 한 역할은 아날로그로 되어 있는 저작물을 디지털 형태로 복제한 것에 지나지 않으며, 저작물의 창작적 표현에 전혀 관여한 바 없기 때문에 도서관은 저작권자가 될 수 없다. 다만 이러한 방식으로 제작된 디지털 자료의 수가 매우 많아져 일종의 DB를 구성하게 될 경우에는 도서관이 DB 구축자로서 제한적으로 저작권을 행사할 수는 있다.

연구보고서를 디지털화하여 원문 DB로 구축하고자 한다. 보고서에 수록된 참고문헌을 다른 DB에서 제공하고 있는 원문과 링크해 제공하는 것은

「저작권법」에 저촉되는 것인가?

답   저촉되지 않는다.

링크는 다른 정보 제공 사이트로 트래픽이 유입되도록 하는 안내 장치 역할을 하는 것으로, 링크 행위 그 자체만으로는 저작물의 복제나 전송이 이루어지지 않으므로 저작권을 침해하지 않는다.

    프레임 링크와 같이 저작물 제공처를 오인할 수 있도록 구성된 경우에는 성명표시권 침해 등 저작인격권 문제를 야기할 수 있으나, 일반적인 링크나 직접 링크의 경우에는 저작권과 관련된 문제가 발생하지 않는다.

질문 158 온라인서점의 표지, 사진, 저자약력의 사용 가능 여부

도서관이 이달의 추천도서를 선정해 홈페이지에 게시하면서 온라인서점에서 제공하는 표지, 사진, 저자약력을 사용할 수 있는가?

답   저작권자로부터 허락을 받아야 한다.

표지, 사진 등은 별도의 저작물에 해당되어 원칙적으로 그 저작권자에게 이용허락을 받은 이후에 도서관 홈페이지에서 그것들을 활용할 수 있다. 표지는 표지 디자이너에 의해 제작된 미술저작물에 해당이 되기 때문에 대체로 보호받는 저작물에 해당이 된다. 사진은 대개의 경우 사진저작물에 해당하기 때문에 마찬가지로 저작권으로 보호를 받는다. 저자약력의 경우에는 저자의 경력 사항을 평면적으로 나열한 것만으로는 저작물성을 인정받기 어려워 별도의 허락을 받지 않고 사용할 수 있는 범주에 포함이 되지만, 저자의 독특한 개성이 담긴 독창적인 표현의 약력이라면 저작권의 보호 대상이 될 수 있다. 따라서 이런 서비스를 위해서는 온라인서점과 계약을 통해 도서의 표지, 사진, 저자약력 사용에 대한 허락을 받는 것이 바람직하고, 온라인서점에 적법한 서비스 권리가 있는지 확인해야만 한다.

그렇지만 질문의 경우 표지, 사진, 저자약력 등을 활용하는 목적이 저작물의 활발한 이용을 도모하고, 독서 진흥이라는 공익적 취지에 부합하며, 저작물의 판매를 잠식하거나 대체하는 등 잠재적인 시장이나 저작권자의 경제적 이익을 해치는 바가 없기 때문에 「저작권법」 제35조의3이 규정하는 공정이용에 해당될 여지가 있다.

질문 159 영상저작물 제작 시 도서관 소장 음원을 사용할 경우

도서관이 홍보용 동영상을 제작할 때 음악 자료를 활용하려고 한다. 저작권 문제는 없는가?

답　음악저작물의 저작권자에게 허락을 받은 후 사용하면 된다.
영상저작물을 제작할 때 다른 사람의 음악저작물을 사용하는 행위는 영상저작물 속에 음악저작물을 고정하는 행위가 수반되는 것이기 때문에 복제권의 규율 대상이 된다. 다만 대상이 되는 음악저작물의 저작권이 만료되었고, 저작인접권이 모두 소멸된 경우라면 자유롭게 이용할 수 있다. 또한 CCL과 같이 사전에 저작물 이용허락 요건을 제시하는 경우라면 그 이용허락의 범위 내에서 자유롭게 이용할 수 있다. 음악저작물의 저작권은 한국음악저작권협회를 통해 일괄적으로 처리할 수 있다.

도서관 홍보물에 도서관 소장의 그림, 사진을 사용할 경우

도서관 홍보물이나 행사 안내에 사용하는 그림이나 사진은 저작권자의 허락을 받아야 하는가?

답   그렇다.

각종 행사나 도서관 안내를 위한 홍보물에 사진이나 그림을 게재하는 행위는 「저작권법」이 규정하는 복제에 해당한다. 인쇄물로 제작된 홍보물에는 사진이나 그림이 인쇄되어 나온다. 이는 저작물을 유형물로 다시 제작하는 행위이므로, 명백히 복제에 해당된다. 따라서 그림이나 사진의 저작권자에게 허락을 받은 후 저작물을 사용해야 한다. 다만 해당 그림이나 사진의 저작권이 이미 소멸되었거나 CCL과 같은 저작물 이용에 관한 조건을 사전에 표시해둔 경우라면 저작권자의 허락 없이도 저작물을 이용할 수 있다.

도서관이 소장한 미술품을 복제해 출판물을 제작할 경우

도서관이 소장한 미술품을 복제해 출판물을 제작할 수 있는가?

답   출판물의 성격에 따라 다르다.

소장 미술품의 판매나 간단한 소개를 위한 도록이라면 가능하다. 「저작권법」 제35조는 미술저작물의 원본 소유자가 전시를 하거나 미술저작물을

판매하고자 할 경우에 저작물의 해설이나 소개를 목적으로 하는 목록 형태의 책자를 발간해 배포할 수 있도록 규정하고 있다. 이때 제작되는 목록 형태의 책자는 순수하게 미술저작물의 판매를 돕기 위해 제작되어야 하며, 미술작품을 감상하거나 그 자체로 판매할 수 있게 양질의 도록을 제작하는 것은 허용되지 않는다. 따라서 도서관이 소장한 미술품을 판매할 목적으로 구매자가 참고할 만한 목록 형태의 책자를 발간하는 것은 저작권자의 허락을 받지 않고 진행할 수 있다.

질문 162 홍보용 포스터를 섬네일과 메타데이터로 제공할 경우

홍보용으로 제작된 포스터를 활용하기 쉽게 섬네일 이미지로 제작해 메타데이터와 함께 제공하고 있다. 저작권을 침해하는 행위인가?

답　　**침해하는 행위가 아니다.**
섬네일 이미지는 원본 이미지를 대폭 축소해 제작한 것으로 우리 법원에서는 섬네일 이미지를 정보 검색을 위한 보조 도구로 인식하는 경향이 강하다. 그러나 섬네일 이미지가 원본을 감상할 수 있을 만한 크기로 상세히 작성된 경우에는 저작물의 복제로 취급하기도 한다. 홍보용으로 제작된 포스터의 경우에도 포스터의 미적 구성 등에 미술저작물적 요소를 다분히 포함하고 있어 저작권을 보호받는 저작물일 개연성이 매우 크다. 그렇지만 포스터를 섬네일 이미지로 제작해 검색의 편리함을 도모하고, 메타데이터와 함께 제공하는 것은 저작권자의 허락 없이도 사용할 수 있다고 판단된다. 다만 섬네일 이미지를 지나치게 크게 작성해 원본을 대체할 수 있는 수준으로 제공된다면 이 경우는 저작권 침해에 대한 책임에서 자유로울 수 없다.

질문 **163** 연속간행물의 차례, 색인의 저작권 보호 여부

연속간행물의 차례, 색인 등은 저작권을 보호받는 저작물인가?

답　　아니다.
연속간행물의 차례와 색인은 연속간행물에 수록된 기사나 논문을 좀 더 쉽게 찾을 수 있도록 만들어진 것으로 그 자체로 창작적인 표현을 담고 있는 것이라고 보기 어렵다.

질문 **164** 도서관 사서가 작성한 저작물의 저작권 범위

공공도서관 사서의 저작물도 저작권의 보호를 받는가? 도서관 사서가 업무와 무관하게 작성한 저작물의 저작권자는 누구인가?

답　　공공도서관 사서의 저작물도 저작권이 발생하며, 업무 이외로 작성한 저작물의 원천적인 저작권자는 저작물을 직접 생산한 사서다.
저작물은 인간의 사상이나 감정을 창작적으로 표현한 것으로, 그것을 창작하는 데 직접 관여한 사람은 저작자가 되어 저작권이 부여하는 배타적인 권리를 행사할 수 있게 된다. 공공도서관 사서의 저작물도 인간의 사상

과 감정을 창작적으로 표현하고 있는 경우라고 한다면 모두 저작권 보호의 대상이 된다. 본래 저작권은 자연인에게 부여되는 권리이지만, 법인 등의 종사자가 업무의 일환으로 작성한 저작물의 경우에는 자연인이 아니라 법인이 저작자가 되는 경우도 있다.

따라서 이 경우를 살펴보려면 공공도서관의 사서가 작성한 저작물이 업무상 저작물에 해당하는지를 살펴보아야 한다. 도서관의 기획하에 사서가 업무의 일환으로 작성한 저작물의 경우에는 업무상저작물(「저작권법」제2조 제31호)에 해당이 된다. 업무상저작물이 되기 위해서는 사서가 자신의 업무 범위에서 저작물을 작성해야 하며, 도서관의 이름으로 공표해야 하고(컴퓨터 프로그램은 예외), 도서관과 직원 사이에 저작권에 관한 특약이 없어야 한다는 요건을 충족해야 한다. 그렇지만 업무 이외로 작성한 저작물의 경우에는 저작물의 창작에 직접 관여한 사서가 해당 저작물의 저작자가 된다.

질문 165 도서관 홈페이지에 신간소개를 하는 경우

도서관의 신간소개 업무를 담당하는 사서가 매월 이달의 추천도서를 선정해 저자 소개, 줄거리, 차례를 직접 작성하여 도서관 홈페이지에 소개하고자 한다. 가능한가?

답 **가능하다.**

판례에 의하면 도서의 제호나 제목은 저작권으로 보호되지 않는다. 도서의 제목은 저작물성을 갖추지 못한다고 보기 때문이다. 차례는 단순히 책의 소

제목을 순차적으로 나열해 쪽수를 추가한 것에 불과하므로 이 또한 독립적인 저작물이 아닌 것으로 본다. 게다가 실상 어떤 도서의 내용을 소개하고 홍보하는 목적이 아니면 차례만을 저작물로 활용하는 경우는 없어 보인다.

이와 달리 도서의 줄거리는 독립된 저작물이 된다. 도서의 줄거리는 논문의 초록과 마찬가지로 저자가 직접 작성할 수도 있고, 사서나 출판사 등 제3자가 작성할 수도 있다. 누가 작성했든 저자의 저작물과는 별도의 저작물이 된다. 따라서 도서의 줄거리를 직접 작성한 주체가 저작자가 된다. 다만 저자가 아닌 제3자가 줄거리를 작성할 경우 원저작물의 의도와 내용 자체가 왜곡되지 않도록 주의를 기울여야 한다.

질문 166 도서관 행사에서 영화와 만화 주인공 활용

도서관 문화행사에서 유명한 영화나 만화 등의 주인공 캐릭터를 홍보 게시판에 활용할 수 있는가?

답   경우에 따라 다르다.
캐릭터란 만화, 영화, 소설 등에 등장하는 인물의 독특한 외모나 성격, 이야기와 이에 바탕을 둔 독창적인 개성과 이미지를 기반으로 하는 '아이덴티티'로 구성이 된다. 캐릭터는 저작권을 비롯한 상표권이나 「부정경쟁방지법」 등에 의해서도 보호가 이루어지고 있다. 캐릭터가 「저작권법」에 의한 보호 대상인지에 대해서는 상당히 까다롭고 복잡한 문제가 있다. 업계의 통상적인 관행상 캐릭터를 이용하고자 하는 사람은 캐릭터의 권리 보유자에게 이용허락을 받고 그에 대한 대가로 사용료를 지불하게 된다. 따라서 캐릭터를 활용해 홍보물이나 여러 가지 복제물을 만들어낼 경우에는 저작권이 되었든 상표권이 되었든 간에, 캐릭터에 관한 권리를 확보하고 있는 권리자로부터 허락을 받는 것이 안전하다. 다만 캐릭터의 사용 정도가 미미하고, 복제물의 제작 개수가 매우 제한적이어서 캐릭터 보유자에게 미치는 영향이 그리 크지 않을 경우에는 「저작권법」 제35조의3에 규정된 공정이용을 적용할 수도 있다. 「저작권법」 제35조의3이 규정하는 공정이용은 저작물을 이용하는 목적과 성격, 이용되는 저작물의 성격, 이용된 부분이 저작물 전체에서 차지하는 양과 상당성, 잠재적 시장이나 가치에 미치는 영향을 두루 고려해 결정이 이루어진다. 그렇지만 「저작권법」 제35조의3의 공정이용은 저작권 면책 요건이 아니라, 면책 요건을 구성할 수 있다는 항변에 불과하다는 것을 유념해야 한다.

12

홈페이지 제작

프리웨어를 활용해 홈페이지를 제작할 수 있는가?

답   프리웨어에서 제시하는 이용 조건을 확인하고 사용할 수 있다. 프리웨어는 저작자들이 컴퓨터 프로그램을 자유롭게 사용하도록 공개한 것이다. 대개 그 이용 조건을 정해 제시하고 있는 경우가 일반적이므로, 사용에 앞서 이용 조건을 확인할 필요가 있다. 저작자가 저작물 이용과 관련된 조건을 미리 제시했다면, 그 제시된 조건의 범위 안에서 얼마든지 자유롭게 이용할 수 있다. 특별한 단서 조항이나 제약 요건이 없이 공개된 경우에는 저작권자의 허락 없이 자유롭게 이용할 수 있다.

홈페이지를 제작할 때 사용하는 클립아트나 그림도 저작권자의 허락을 받아야 하는가?

답　　그렇다.

클립아트는 미술저작물에 해당이 되는 것으로, 이를 홈페이지의 디자인에 활용하기 위해서는 저작권자에게 저작물 복제와 전송에 관해 허락을 받아야 한다.

질문 **169**　도서관 소장 이미지 자료를 웹사이트 구축에 활용할 경우

도서관이 소장한 이미지 자료를 웹사이트 구축에 활용했는데, 이 경우 저작권 문제가 발생하는가?

답　　저작재산권자의 허락 없이 이미지를 활용하는 것은 저작권 침해에 해당한다.

도서관이 소장한 이미지 자료라고 하더라도, 도서관이 마음대로 저작물을 복제하거나 전송할 수 있는 것은 아니다. 저작권은 소유권과는 구별되는 것으로 이미지를 소유하고 있다고 해서 그것을 마음대로 복제하거나 전송할 수 있는 것은 아니다. 도서관의 복제와 전송에 대한 면책이 인정되는 경우는 자료 보존의 필요성이나 조사·연구하려는 이용자에 대한 지원 등

극히 제한적이다.

　따라서 도서관이 소장한 이미지 자료라고 하더라도 해당 이미지를 활용해 웹사이트를 구축하기 위해서는 저작권자로부터 이용허락을 받아야만 한다. 다만 해당 이미지에 CCL과 같은 이용허락 조건이 제시된 경우에는 그 이용허락의 조건 범위 내에서 자유롭게 사용할 수 있다.

질문 170 도서관 홈페이지에 이미지나 사진 사용

도서관 홈페이지를 구성하는 데 다른 곳에서 다운로드받은 이미지나 사진을 사용해도 되는가?

답　　저작권자의 허락을 얻은 후에 이용해야 한다.
이미지나 사진을 다운로드받는 것은 「저작권법」이 규정하는 복제에 해당한다.

　다운로드를 받을 때 그 복제와 이용 조건에 대해 별도로 허락받지 않은 복제물은 그 자체로 저작권자의 복제권을 침해하는 것이다. 또한 그러한 이미지나 사진을 홈페이지에 활용하는 것은 저작물을 전송하는 행위에 해당이 되기 때문에 이 또한 저작권자의 전송권을 침해하는 것이다. 따라서 도서관 홈페이지를 구성하기 위해 사용하는 사진이나 이미지는 모두 저작권자에게 허락을 받은 후에 사용해야 한다.

도서관 홈페이지에 사용하는 음원도 저작권자에게 허락을 받아야 하는 것인가?

답 · 그렇다.

음원의 경우에는 저작권자 이외에 저작인접권자(실연자, 음반 제작자)의 권리도 함께 보호된다. 따라서 음원을 위해서는 저작권자의 허락과 함께 저작인접권자의 허락도 동시에 받아야 한다.

홈페이지에서 사용하는 글꼴도 저작권 보호의 대상인가?

답 보호 대상이 아니다.

우리나라 법원은 글꼴의 저작물성을 인정하지 않고 있다. 글꼴 그 자체의 저작물성은 인정하지 않지만, 컴퓨터에 활용되는 글꼴은 컴퓨터 프로그램의 일종으로 보호가 이루어진다. 따라서 홈페이지에 사용하는 글꼴이 적법한 프로그램을 이용해 사용된 경우라면 저작권 문제는 없다고 볼 수 있다. 반대로 해당 컴퓨터 프로그램에서 라이선스를 적법하게 취득하지 않은 글꼴을 사용했을 경우에는 라이선스 위반에 관한 책임 문제가 발생할 수 있다.

문제는 글꼴을 지원하는 컴퓨터 프로그램이 해당 글꼴을 적법하게 구입해 활용하고 있는지 불명확한 경우가 많다는 점이다. 최근에는 홈페이지에 사용된 글꼴이 저작권을 침해했다는 이유로 글꼴 제작업체가 소송을 제기하는 사례가 빈발하고 있으니, 홈페이지의 화면을 구성할 때 이용하는 컴퓨터 프로그램에서 적법하게 지원하는 글꼴만 사용해 홈페이지를 구성해야 한다. 외주 업체에 의뢰해 홈페이지를 디자인하더라도 적법한 라이선스를 취득한 글꼴을 사용하도록 할 필요가 있으며, 글꼴과 관련된 책임이 발생했을 때 관련 책임을 함께 질 수 있도록 계약을 체결해야 한다.

질문 173 도서관 업무용 소프트웨어를 복수의 컴퓨터에 설치할 경우

도서관에서 업무용으로 소프트웨어를 구입했는데, 사용자 수와 관계없이 여러 대의 컴퓨터에 사용해도 되는가?

답   그렇지 않다.

「저작권법」은 저작물의 사용과 관련된 사항에 대해 일반적인 원칙을 규정하고 있다. 현실에서 벌어지는 구체적이고 세세한 사항을 법률에 모두 담을 수 없기 때문이다. 대개 법률에서는 일반적인 원칙을 제시하고, 그 원칙의 범위를 벗어나거나 아주 구체적이고 세부적인 이용 조건은 저작권자와 저작물 이용자 사이의 계약을 통해 정한다. 이 경우는 도서관이 업무용 소프트웨어를 구입할 때 거래업체와 체결한 라이선스 내용에 따라 소프트웨어의 사용 범위가 결정된다. 라이선스 계약을 체결할 때 사용하기로 한 컴퓨터의 대수를 초과해 소프트웨어를 사용하는 것은 이용허락의 범위를 벗어나는 것이다.

개인용 무료 프로그램을 도서관이 사용하는 것은 저작권 침해에 해당하는가?

답　　그렇다.

컴퓨터 프로그램도 「저작권법」에 의해 보호받는 저작물이다. 인터넷상에서 무료로 제공하는 프로그램은 누구라도 자유롭게 사용할 수 있도록 프로그램 개발자가 사용을 허락한 것이다. 저작물을 공개하면서 누구라도 자유롭게 이용하라고 허락 조건을 제시한 프로그램은 저작권 문제 없이 이용할 수 있다. 그런데 이러한 무료 프로그램 중 상당수는 개인에게만 자유이용을 허락하고, 기업, 법인, 단체에는 그 이용을 허락하지 않는다.

　이 경우에 해당하는지를 판단하기 위해서는 개인용 무료 프로그램의 사용요건과 이용약관에 대한 검토가 필요할 것이다. 사용요건이나 이용약관은 저작물 사용자와 저작물 제공자 사이에 맺어지는 일종의 계약으로서의 의미를 지니는 것으로, 개인용 프로그램의 경우에는 대체로 기업의 이용을 금한다는 내용이 사용요건에 포함된다. 이 경우에 해당된다면 도서관이 프로그램을 사용하는 것은 저작권자가 이용을 허락한 범위를 벗어난 것으로 보아야 할 것이다. 개인용 프로그램을 도서관이 사용하는 것은 허락의 범위를 벗어나는 것이기 때문에, 해당 프로그램을 사용하기 위해서는 도서관이 프로그램을 유상으로 구매하거나 이용허락을 받아야 한다.

13

도서관 이용자에 의한 복제

질문 175 도서관 자료를 사진 촬영할 경우

이용자들이 도서관에서 자료를 열람하다가 필요한 부분을 휴대전화를 이용해 촬영을 해도 되는가? 이럴 경우 도서관은 어떻게 대처해야 하는가?

답   가능하다.

도서 등의 저작물을 휴대전화를 이용해 촬영하는 것은 복제에 해당한다.「저작권법」제30조는 공표된 저작물을 비영리 목적으로 개인이 이용하거나 그에 준하는 한정된 범위에서 이용하는 경우에 해당 저작물을 복제할 수 있도록 하고 있다. 그러나 이와 같은 복제가 여러 사람이 사용하도록 설치된 복사기기, 예를 들면 복사전문점 등의 기기를 사용해 이루어질 경우는 사적복제에 해당하지 않는다.

질문의 상황은 복제가 개인 휴대전화를 사용해 이루어졌으므로 공중용 복사기기에 의한 복제라고 볼 수 없다. 따라서 저작재산권자로부터 허락을 받지 않고 복제할 수 있는 제30조 '사적이용을 위한 복제'의 범위에 포함된다. 그러므로 도서관이 이에 대해 특별히 대처할 필요는 없다.

질문 176 도서관에서 대출한 DVD나 CD를 이용자가 개인장비로 복사하는 경우

이용자가 도서관에서 CD나 DVD를 대출해 복사하고 싶다고 할 때 도서관은 어떻게 대응해야 하는가? 이용자가 대출 후 개인장비로 복사를 할 경우 도서관이 법적 책임을 지는가?

답   복사할 수 있으며, 도서관은 법적 책임을 지지 않는다.
「저작권법」은 저작자와 실연자, 음반 제작자에게 복제권을 부여하고 있다. 그러나 일정한 조건하에서 개인적인 목적으로 복제할 경우 이 권리는 제한된다. 즉,「저작권법」제30조 '사적이용을 위한 복제'에 의하면 공표된 저작물이 영리를 목적으로 하지 않고, 개인적으로 이용하거나 가정 및 이에 준하는 한정된 범위 안에서 이용되는 경우, 이용자는 그 저작물을 복제할 수 있다. 그러나 공중의 사용에 제공하기 위해 설치된 복사기기에 의한 복제일 경우는 그렇지 않다. 예컨대 대학교 앞의 복사전문점 등에서 복사하는 것이 공중의 사용에 제공하기 위해 설치된 복사기기에 의한 복제라고 할 수 있다.

사적이용인 경우에 복제권을 제한하는 이유는 개인적 혹은 가정에 준하는 범위 내에서 이용하는 것이 저작재산권자의 경제적 이익에 손해를 미칠 가능성이 적고, 그러한 이용을 일일이 규제하는 것도 현실적으로 가능하지 않기 때문이다.

따라서 도서관은 대출한 CD나 DVD의 복제가 다음과 같은 세 가지 조건을 충족할 때 가능하다고 이용자에게 안내해야 한다. 첫째, 개인장비를 사용해 복제할 경우, 둘째, 복제물을 비영리 목적으로 사용할 경우, 셋째, 복제물을 개인적 혹은 가정 및 이에 준하는 한정된 범위, 즉 소수의 동아리처럼 구성원들이 서로 친한 약 10인 이하 정도의 규모에서 사용할 경우다.

질문과 같은 상황에서 이용자가 앞의 세 가지 요건을 모두 갖춘다면 저작권자로부터 허락을 받지 않고서도 복제할 수 있다.

질문 177 │ 대출한 도서관 자료의 녹음

학생들이 학교도서관 소장자료를 대출해 스스로 녹음하거나 오디오파일로 만든 후 개인 MP3 플레이어 등을 이용해 청취할 경우 「저작권법」에 위배되는 상황이 발생하는가?

답   「저작권법」에 위배되지 않는다.

이용자가 도서관에서 대출한 자료를 개인적 목적으로 복제해 사용하는 것은 「저작권법」 제30조 '사적이용을 위한 복제'에 해당한다. 즉, 공표된 저작물을 영리를 목적으로 하지 않고 개인적으로 이용하거나 가정 및 이에 준하는 한정된 범위 안에서 이용할 경우, 이용자는 그 저작물을 복제할 수 있다. 그러나 공중의 사용에 제공하기 위해 설치된 복사기기에 의한 복제일 경우 그렇지 않다.

질문과 같은 상황에서 학생이 도서관 소장자료를 대출해 녹음하거나 오디오파일로 만든 것은 「저작권법」상 복제에 해당한다. 그러나 오디오파일을 인터넷상에 업로드한 것이 아니라 자신의 MP3 플레이어를 사용해 혼자 청취했으므로 공중송신이나 공연이 이루어진 것이 아니다. 따라서 제30조에서 요구하는 조건, 즉 비영리 목적의 이용, 개인 혹은 가정에 준하는 한정된 범위 안에서의 복제, 개인적으로 사용하기 위해 설치된 복사기기에 의한 복제 등의 요건을 충족하고 있다. 따라서 질문의 상황은 「저작권법」을 위반한 것이 아니다.

질문 178 이용자가 대출자료를 복사할 때 도서관의 법적 책임

이용자가 대출한 자료를 복사하는 것에 대해 도서관이 관여하는 것은 사생활 침해 아닌가?

답   사생활 침해가 되지 않는 수준에서 안내가 필요하다.
「저작권법」은 이용자가 도서관에서 대출한 저작물을 불법적으로 사용하는 데 대해 도서관의 책임을 규정하고 있지 않다. 따라서 도서관이 이용자에게 자료 대출서비스를 하면서 「저작권법」을 위반하지 않는 범위에서 자료를 이용하도록 안내할 법적 책임이 있는 것은 아니다. 이것은 이용자가 대출한 저작물을 합법적인 수준에서 이용할 수 있게 해주는 도서관의 서비스 차원의 문제다. 따라서 이용자에게 강제가 아니라 안내하는 수준에서 자료 복사와 관련된 「저작권법」 규정을 알려준다면 사생활 침해는 아니라고 판단된다.

질문 **179** **학생이 도서를 디지털화해 웹사이트에 제공할 경우**

학생이 학교도서관에서 자료를 대출해 복사한 뒤 스캐너를 이용해 디지털 파일로 변환하고, 학생들이 사용하는 학교 홈페이지에 해당 파일을 올려놓았다. 학교도서관이 제재를 가할 수 있는 근거가 있는가?

답   없다.
이 질문은 도서관에서 대출한 자료를 이용자가 복제 등의 방식으로 사용할 때 도서관 및 사서의 의무 또는 책임과 관련된 질문이다. 도서관은 이용자가 대출한 도서관 자료를 「저작권법」을 침해하지 않는 수준에서 이용할 수 있다고 안내할 수는 있지만, 불법적인 사용에 대해 제재를 가할 수 있는 권한은 없다.

질문과 같은 상황에서 학생이 대출한 자료를 개인적 혹은 가정용 스캐너를 사용해 디지털 파일로 만든 것까지는 「저작권법」 제30조 '사적이용을 위한 복제'에 해당해 합법적인 수준에서의 이용이라고 볼 수 있다. 그러나 학생들이 사용하는 학교 홈페이지에 스캔한 파일을 올려놓은 것은 공중송신 중 '전송'에 해당한다. 「저작권법」 제30조는 복제에 대해서만 허용하고 있지 전송까지 허용한 것은 아니다. 만일 앞에서 말한 복제가 학교에서의 수업을 목적으로 이루어졌다면 공표된 자료의 일부분을 전송하는 것은 「저작권법」 제25조 '학교교육 목적 등에의 이용'의 제3항 "교육을 받는 자는 수업목적상 필요하다고 인정되는 경우에는 제2항의 범위 내에서 공표된 저작물을 복제하거나 전송할 수 있다"에 해당한다고 볼 수 있다. 이런 경우가 아니라면 제35조의3 '저작물의 공정한 이용'에 해당하는지 판단해볼 필요가 있다. 만일 질문에 상황이 수업목적이나 공정한 이용에 해당되지 않을 경우, 그 이용자에게 「저작권법」 규정을 설명하고 알려주어 불법적인 이용이 지속되지 않도록 안내할 수는 있다. 이것은 법적 의무가 아니라 도서관 이용자 서비스 차원에서 필요하다.

질문 180 이용자가 인쇄자료를 PDF로 변환해 저장할 경우

이용자가 도서관에서 대출한 인쇄자료 전체를 JPG 혹은 PDF 형태의 파일로 변환해 저장하는 것은 가능한가? 만일 이것이 저작권 침해라면 이 경우 도서관에도 책임이 있는가?

답   가능하며, 저작권 침해가 아니다.

이 질문은 도서관에서 대출한 자료를 이용자가 복제할 때 발생하는 저작권 문제와 도서관의 책임이 있는지 묻는 것이다.

「저작권법」 제30조 '사적이용을 위한 복제'에 의하면 공표된 저작물을 영리를 목적으로 하지 않고, 개인적으로 이용하거나 가정 및 이에 준하는 한정된 범위 안에서 이용하는 경우 이용자는 그 저작물을 복제할 수 있다. 그러나 공중의 사용에 제공하기 위해 설치된 복사기기에 의한 복제일 경우에는 그렇지 않다. 이 규정은 첫째, 개인장비를 사용해 복제할 경우, 둘째, 그 복제물을 비영리 목적으로 사용할 경우, 셋째, 그 복제물을 개인적 혹은 가정 및 이에 준하는 한정된 범위, 즉 소수의 동아리처럼 구성원들이 서로 친한 약 10인 이하 정도의 규모에서 사용할 경우를 모두 충족시킬 것 등 세 가지 조건을 요구한다. 이런 세 가지 조건만 충족한다면 복제할 수 있는 저작물의 종류(컴퓨터 프로그램을 제외) 및 그 형태(인쇄자료와 비인쇄자료), 복제물의 형태는 문제가 되지 않는다.

　질문과 같은 상황에서 이용자가 도서관에서 대출한 자료를 비영리적인 목적으로 사용하고, 개인 및 가정 혹은 그에 준하는 한정된 범위 내에서 이용할 경우 개인장비를 사용해 JPG나 PDF 형태의 디지털 파일로 복제할 수 있다. 대출한 자료의 일부분이 아니라 전체를 복제하는 것도 가능하다.

질문 181　이용자가 복제할 수 있는 대출도서의 분량

이용자가 도서를 대출한 다음 어느 정도 분량을 복사해야 「저작권법」에 위배되지 않는가? 이용자에게 어떻게 설명해야 하는가? 이용자가 DVD를 대출한 뒤 사본을 만들어도 「저작권법」에 위반되지 않는가?

답　　　도서나 DVD 모두 전체 복사가 가능하다.

「저작권법」은 이용자가 도서관에서 대출한 저작물을 불법적으로 사용한 것에 대한 도서관의 책임을 규정하고 있지 않다. 따라서 도서관이 소장한 자료를 대출서비스한 후 불법적이지 않은 수준에서 사용하도록 이용방법을 알려주는 것은 도서관 서비스 차원의 문제다. 도서관에서 대출한 자료이든 유통기관을 통해 구매한 자료이든 간에 이용자는 제30조 '사적이용을 위한 복제' 규정에 의거해 복제할 수 있다. 제30조에 의하면 공표된 저작물을 영리를 목적으로 하지 않고, 개인적으로 이용하거나 가정 및 이에 준하는 한정된 범위에서 이용하는 경우 이용자는 그 저작물을 복제할 수 있다. 그러나 공중의 사용에 제공하기 위해 설치된 복사기기에 의한 복제일 경우에는 그렇지 않다. 즉, 개인적으로 사용하는 복제기기를 통해 대출한 도서나 DVD를 비영리적인 목적으로 복제한 후 이를 개인적 혹은 가정 및 그에 준하는 한정된 범위 내에서 이용할 경우 전체 복제도 가능하다.

만일 복사전문점 등 공중이 사용하도록 제공되고 있는 복사기기에서 복제할 경우에는 사적복제에 해당하지 않으므로, 저작재산권자로부터 이용허락을 받고 복사해야 한다. 현재 우리나라는 한국복제전송저작권협회가 개별 복사전문점과 일괄 계약을 통해 저작권료를 지불하는 형식으로 권리 처리를 하고 있다.

질문 182 영상자료 대출 후 무료 상영

이용자들이 도서관 영상자료를 대출해 무료 상영 프로그램을 개최할 수 있는가?

답   상업용 영상저작물인 경우에는 그렇게 할 수 있다.

공중을 대상으로 영상자료를 상영하는 행위는 「저작권법」이 규정하는 공연에 해당한다. 「저작권법」 제29조 제2항은 상업용 음반이나 상업용 영상저작물을 활용한 공연에 대해 면책을 규정하고 있는데, 이때 해당 저작물이 도서관에서 대출한 것인지 개인이 구매해 소장하고 있는 것인지는 문제되지 않는다. 이 조항에 따라 면책을 인정받으려면 청중이나 관객으로부터 관람료 등의 반대급부를 받지 않아야 하며, 공연의 객체가 되는 음반이나 영상저작물이 상업용으로 제작된 것이어야 한다.

이 조건이 충족되었다면, 저작권자의 허락 없이도 도서관에서 대출한 영상저작물을 활용해 이용자들이 상영회를 개최할 수 있다. 상업용으로 제작된 영상저작물이 아닌 경우에는 「저작권법」 제29조의 제1항에 따라 관중이나 제3자로부터 어떤 명목으로든 반대급부를 받지 않는 경우에 상영할 수 있다. 단, 이 경우 해당 저작물은 공표된 것이어야 한다.

질문 183 도서를 분할해 전문을 복사할 경우 도서관의 법적 책임

이용자가 도서를 대출해 도서 전체를 한 번에 복사하지는 않았지만, 여러 번 나누어 복사해 결과적으로 저작물 전체를 복사했다는 것을 도서관에서 알게 되었을 때 도서관에도 「저작권법」 위반 책임이 있는가?

답   책임이 없다.

이용자는 대출한 도서를 비영리적인 목적으로 개인이 사용하는 장비를 이용해 복제하고, 복제물을 개인 혹은 가정에 준하는 한정된 범위 내에서 사용할 경우 도서의 일부분뿐만 아니라 전체도 복사할 수 있다.

만일 복사전문점 등 공중이 사용하도록 제공되고 있는 복사기기에서 복제할 경우는 사적복제에 해당하지 않으므로, 저작재산권자로부터 이용 허락을 받고 복사해야 한다. 현재 우리나라는 한국복제전송저작권협회가 개별 복사전문점과 일괄 계약을 통해 저작권료를 지불하는 방식으로 권리 처리를 하고 있다.

대출 후 이용자가 불법적인 복제를 했다고 해서, 도서관이 「저작권법」 위반에 대해 법적 책임을 지는 것은 아니다. 다만 도서관은 이용자들이 대출된 도서를 「저작권법」이 정하는 범위에서 사용할 수 있도록 관련 규정을 안내해주는 서비스를 제공할 수 있다.

질문 184 학교도서관에서 지원하는 학교신문에 도서관 소장자료를 일부 수록할 경우

학교도서관에서 제작을 지원하는 학교신문에 도서관에 소장되어 있는 자료 일부를 수록할 경우 「저작권법」에 위배되지 않는가?

답　「저작권법」 제28조에 따라 인용으로 인정받기 위해서는 네 가지 요건을 충족해야만 한다.

학교신문의 제작을 학교도서관에서 지원한다는 것은 저작권과 관련해 특별한 의미를 지니지 않는다. 이와 같이 학교신문에 저작물의 일부를 실을 때는 저작권자로부터 허락을 받아야 하는지에 초점을 맞춰야 한다. 「저작권법」 제28조는 "보도·비평·교육·연구 등을 위하여는 정당한 범위 안에서 공정한 관행에 합치되게 이를 인용할 수 있다"라고 하여 공표된 저작물의 인용에 관한 저작권 면책을 규정하고 있다. 따라서 인용으로 인정받기 위해서는 네 가지 요건을 충족해야만 한다. 첫째, 인용의 대상이 되는 저작물이 공표된 것이어야 한다. 둘째, 보도, 비평, 교육, 연구 등을 위한 사용이어야 한다. 셋째, 정당한 범위 내에서 인용이 이루어져야 한다. 어느 정도가 정당한 범위인지 일정한 기준이 정해져 있는 것은 아니지만, 인용의 목적, 저작물의 성질, 인용된 내용과 분량, 피인용 저작물을 수록한 방법과 형태, 독자의 일반적 관념, 원저작물에 대한 수요의 대체 여부를 종합적으로 고려해 그 범위를 결정하게 된다. 넷째, 그 방법이 공정한 관행에 합치되어야 한다. 예컨대 자료의 출처와 저자를 표시한다거나, 불필요한 수정이나 왜곡을 하지 않는 등 기본원칙을 준수해야만 한다.

따라서 학교신문에서 사용되는 저작물의 이용이 「저작권법」이 규정하는 인용에 해당이 되는 경우에는 저작자의 허락 없이도 저작물을 자유롭게 이용할 수 있다.

질문 185 라이선스를 얻은 학술지 논문의 재사용

우리 대학도서관에서 라이선스를 얻은 학술지 논문을 우리 대학 교수가 다운로드받은 후 친구에게 이메일로 전송해도 되는지 문의해왔다. 가능한 것인가?

답   가능하다.

「저작권법」제18조 '공중송신권'은 저작물, 실연·음반·방송 또는 DB 등을 공중이 수신하거나 접근하게 할 목적으로 무선통신 또는 유선통신 방법에 의해 송신하거나 이용에 제공하는 것을 말한다. 이는 방송, 전송, 디지털 음성 송신을 포괄하는 개념이다. 「저작권법」제2조 제10호에 따르면 전송이란 "공중송신 중 공중의 구성원이 개별적으로 선택한 시간과 장소에서 접근할 수 있도록 저작물등을 이용에 제공하는 것을 말하며, 그에 따라 이루어지는 송신을 포함한다"고 규정한다. 즉, 인터넷 게시판에 자료를 업로드하는 것, DB에 저장된 자료를 검색해 이용할 수 있도록 제공하는 것, 이용자의 요청에 응답해 자료를 이용할 수 있도록 송신하는 것 등이 이에 해당된다. 그런데 이메일처럼 특정인을 대상으로 이루어지는 저작물의 송신행위는 공중을 대상으로 하는 것이 아니라는 점에서 전송 범위에 포함되기 어렵다. 물론 불특정 다수 또는 특정 다수를 대상으로 이메일을 발송하는 것은 전송에 해당한다.

질문과 같이 논문을 다운로드받은 교수가 친구 1명에게 논문을 이메일로 보내는 것은 공중송신권 침해로 보기 어렵다.

14

저작권 침해에 대한 책임

도서관에서 개설한 비디오 제작 강좌에서 이용자가 도서관에 소장된 오디
오 및 비디오 자료를 이용해 뮤직비디오를 제작할 때 저작권 관리와 보호
에 대한 법적 책임은 도서관이 지는가?

답   아니다. 비디오 제작 행위의 실질적인 주체가 책임져야 한다.
뮤직비디오를 개인적인 감상을 위해 제작한 경우라면, 그것은 일종의 사
적이용에 해당이 되어 저작권에 대한 면책을 인정받을 수 있을 것이다. 그
렇지만 이렇게 제작한 비디오를 사적이용의 범주를 벗어나 온라인사이트
에 업로드하거나 또 다른 방식으로 발행하려 한다면, 이때는 저작권 침해

소지가 있다.

이런 경우에 발생할 수 있는 여러 가지 문제를 고려해, 교육 프로그램이 진행되는 동안 저작권 보호에 대한 책임과 의무에 관한 사항을 수강생들에게 충분히 알려 이런 문제를 예방할 수 있도록 주의를 기울일 필요가 있다.

질문 187 도서관 내 시설을 이용해 불법저작물을 열람할 경우

도서관 내에서 이용자가 도서관 PC를 이용해 불법저작물을 열람할 경우 사서는 어떻게 대처해야 하는가?

답　　열람자의 불법적인 저작물 이용행위에 대한 법적 책임은 열람자에게 있다.

「저작권법」제31조 제7항과 「저작권법 시행령」제13조는 도서관이 도서 등을 디지털 형태로 복제하거나 전송하는 경우, 권리의 침해를 방지하기 위해 필요한 조치를 규정하고 있다. 첫째, 불법 이용을 방지하기 위한 기술적 조치로서 도서관 이용자가 열람하는 것 이외의 방법으로 도서 등을 이용할 수 없도록 하는 복제방지 조치, 도서관 등의 이용자가 아니면 도서 등을 이용할 수 없도록 하는 접근제한 조치, 도서관 등의 이용자가 도서관 내에서 열람하는 것 외의 방법으로 도서 등을 이용하거나 그 내용을 변경한 경우 이를 확인할 수 있는 조치 등을 취하도록 하고 있다. 둘째, 저작권 침해를 방지하기 위한 도서관 직원 교육과 셋째, 컴퓨터 등에 저작권 보호 관련 경고 표지를 부착해야 한다. 이 규정은 도서관 이용자가 저작물을 이용하는 과정에서 불법적인 복제와 전송을 하지 않도록 하기 위한 것이다.

질문의 상황은 「저작권법」 제31조 제7항에 해당하는 것은 아니라고 판단된다. 즉, 이 경우는 인터넷에 있는 불법저작물을 열람하는 상황으로 판단되는데, 이용자의 이와 같은 불법적인 행위에 대해 「저작권법」이 도서관에 책임을 부가하는 규정은 없다.

질문 188 대학도서관 내 복사전문점에서의 불법복제에 대한 책임

학교 당국과 계약을 맺은 대학도서관 내 복사전문점에서 불법적인 복사가 이루어지는 경우, 법적 책임은 학교 당국, 도서관, 복사업자 중 누구에게 있는가?

답 복사업자에게 있다.

복사업자가 복제행위의 주체이므로 도서관이 해당 행위에 공동으로 관여하지 않는 한 책임을 지지 않는다. 도서관과 계약을 맺은 복사업자의 행위에 대해서도 도서관은 직접 책임을 지지 않는다.

「민법」은 공동 불법 행위를 두 가지로 나누고 있다. 하나는 좁은 의미의 공동 불법 행위로서, 「민법」 제760조 제1항의 "수인이 공동의 불법행위로 타인에게 손해를 가한 때에는 연대하여 그 손해를 배상할 책임이 있다"는 규정이다. 다른 하나는 교사나 방조에 의한 공동 불법 행위로서, 「민법」 제760조 제3항의 "교사자나 방조자는 공동행위자로 본다"는 규정이다. 교사란 지시, 설득, 유도 등의 방법으로 다른 사람의 행위를 결의하도록 동기를 부여하는 것이고, 방조란 물심양면의 지원을 통해 다른 사람의 행위를 용이하게 하는 것을 말한다.

도서관이 공동으로 또는 교사나 방조에 의해 다른 사람의 복제행위에 관여한 경우가 아니라면 저작권 침해에 대해 책임을 지지 않을 것이다.

질문 189 도서관 웹서비스에서 행해진 이용자의 「저작권법」 위반에 대한 책임

도서관에서 이용자들이 서로 필요한 정보를 공유할 수 있게 웹페이지 서비스를 제공하는 경우, 해당 웹페이지에서 「저작권법」에 위배되는 활동이 발생했다면 도서관이 법적 책임을 지는가?

답 선량한 관리자의 주의의무를 다한 경우에 도서관 면책이 인정될 수 있다.

이 경우 도서관은 「저작권법」 제2조 제30호 나목이 정의하는 "이용자들이 정보통신망에 접속하거나 정보통신망을 통하여 저작물등을 복제·전송할 수 있도록 서비스를 제공하거나 그를 위한 설비를 제공 또는 운영하는 자"에 해당되어 온라인서비스 제공자로서의 지위를 얻을 수 있다. 질문에서와 같은 도서관의 웹페이지 서비스 제공은 그중에서도 저장서비스에 해당하는 부분으로 「저작권법」 제102조 제1항 제3호의 규정에 따라 면책 여부가 결정된다. 면책이 인정된다 함은 저작권 침해가 발생했을 때 도서관은 그 책임으로부터 자유로울 수 있으며, 침해행위의 당사자에게만 책임이 부담된다는 의미다.

저장서비스를 위주로 하는 온라인서비스 제공자가 면책을 받으려면 다음의 요건을 모두 충족해야 한다. ① 온라인서비스 제공자가 저작물 송신을 시작하지 않은 경우, ② 저작물이나 그 수신자를 선택하지 않은 경우, ③ 「저작권법」에 따라 보호되는 권리를 반복 침해하는 자의 계정을 해지하는 방침 채택하고 이를 합리적으로 이행한 경우, ④ 권리자가 이용한 저작물 식별 및 보호를 위한 표준적 기술 조치를 수용하고 방해하지 않은 경우, ⑤ 침해행위로부터 직접 금전적 이익을 얻지 않을 경우, ⑥ 침해의 사실을 알게 되거나 그 정황을 알게 된 때 그 저작물의 복제·전송을 중단시킨 경우, ⑦ 복제·전송 중단이나 재개에 대한 요구를 받을 자를 지정해 공지한 경우다.

질문 190 도서관 홈페이지에 이용자가 올린 불법저작물에 대한 도서관의 법적 책임

도서관 홈페이지에 이용자들이 올려놓은 자료가 저작권을 침해했다는 항의를 받아 적절한 조치를 취했다. 그러나 저작권자가 도서관을 상대로 피해에 대한 배상을 요구하고 있다. 도서관이 책임져야 하는 사항인가?

답 몇 가지 요건하에 책임을 면할 수 있다.

이 경우 도서관은 「저작권법」 제2조 제30호가 정의하는 온라인서비스 제공자의 지위를 지니게 되며, 그중에서도 저장서비스를 제공하는 범주에 포함될 수 있다. 「저작권법」 제102조는 온라인서비스 제공자의 책임제한에 관한 사항을 규정하고 있는데, 질문의 경우가 이런 요건을 충족하는지 살펴보아야 한다. 저장서비스를 위주로 하는 온라인서비스 제공자의 책임자가 면책을 인정받으려면 다음의 요건을 모두 충족해야 한다. ① 온라인서비스 제공자가 저작물 송신을 시작하지 않은 경우, ② 저작물이나 그 수신자를 선택하지 않은 경우, ③ 「저작권법」에 따라 보호되는 권리를 반복 침해하는 자의 계정을 해지하는 방침 채택하고 이를 합리적으로 이행한 경우, ④ 권리자가 이용한 저작물 식별 및 보호를 위한 표준적 기술 조치를 수용하고 방해하지 않은 경우, ⑤ 침해행위로부터 직접 금전적 이익을 얻지 않을 경우, ⑥ 침해의 사실을 알게 되거나 그 정황을 알게 된 때 그 저작물의 복제·전송을 중단시킨 경우, ⑦ 복제·전송 중단이나 재개에 대한 요구를 받을 자를 지정해 공지한 경우다. 이 모든 요건을 충족할 수 있도록 조치가 이루어진 경우라면, 도서관은 그 책임으로부터 자유로울 수 있다.

그렇지만 온라인서비스 제공자로서, 도서관이 이용자의 침해와 관련해 고의나 과실이 있는 경우(침해를 방지해야 할 주의 의무를 소홀히 했을 경우)에는 책임을 부담할 수 있다는 것이 판례의 태도다.

질문 **191** 도서관 직원이 저작권을 침해했을 경우 도서관의 책임

도서관 직원이 도서관이 제공하는 웹상에서 다른 사람의 저작권을 침해했을 때 도서관은 어떤 책임을 지는가?

답　　**상황에 따라 다르다.**

도서관이 제공하는 웹상에서 이루어진 도서관 직원의 행위는 그 직원이 누구의 명의로 행위에 참여했는지에 따라 그 법적 책임 소재가 달라질 수 있다. 도서관 직원이 도서관 직무상의 명칭을 활용하거나 도서관을 대신해 이루어진 행위에 의해, 또한 도서관 직무 행위의 일환인 작업 중에 타인의 저작권을 침해했다면, 이는 그런 행위를 수행한 자연인이 누구인지

와 무관하게 도서관이 법적인 책임을 부담해야 한다. 그렇지만 도서관의 공식적인 직무 명칭이나 직함이 아니라 개인의 이름으로 행한 행동에까지 도서관의 책임이 미친다고 보기는 어려울 것이다. 아무리 도서관이 운영하는 웹사이트에서 도서관 직원이 벌인 행동이라 할지라도 그것이 사적인 관심과 행동에 의한 것이라면, 그 부분에까지 도서관의 책임이 미친다고 보기는 어렵다. 이럴 경우, 저작권 침해와 관련된 모든 책임은 그 행위를 한 당사자, 즉 도서관 직원에게 있다고 봐야 한다.

질문 192 홈페이지를 관리하는 외부 직원의 저작권 침해에 대한 도서관의 책임

외부 업체에 의뢰해 홈페이지를 관리하고 있다. 웹마스터에 의해 이루어진 저작권 침해에 대해 도서관이 책임을 져야 하는가?

답   1차적인 책임은 도서관에 있다.

홈페이지를 관리하고 있는 외주 업체의 웹마스터에 의해 저작권 침해가 이루어졌다고 하더라도 외주 업체가 수행하는 업무는 도서관을 대리해 이루어진 것이기 때문에, 그 1차적인 책임은 도서관에 있다고 볼 수 있다. 그렇다고 해서 외주 업체의 선량한 관리자의 주의의무나 계약 위반에 관한 책임이 없어지는 것은 아니다. 이 경우 도서관은 1차적으로 대외적인 책임을 부담하고, 도서관은 해당 외주 업체에 구상권을 행사하는 방식으로 피해에 대해 배상받을 수 있을 것이다. 이런 까닭에 홈페이지 제작이나 관리를 외주 업체를 통해 처리할 경우에는 저작권과 관련되는 주의 사항을 계약서에 명기하는 편이 더욱 바람직하다.

도서관 이용자가 도서관의 기기를 활용해 저작권을 침해하는 웹사이트를 개설했을 경우 도서관이 책임을 지는가?

답　　**도서관의 책임이 아니다.**
복제나 전송에 사용된 기기를 제공한 것만으로 도서관의 책임이 발생하지는 않는다. 오늘날 도서관은 각종 자료를 수집해 제공하는 전통적인 업무 이외에도 다양한 서비스를 제공하고 있다. 특히 디지털 기기를 활용해야만 이용할 수 있는 저작물의 수가 급증하면서 관내에 컴퓨터를 설치해 이용자들에게 제공하는 서비스도 보편화되고 있다. 그러나 도서관 이용자들이 컴퓨터를 사용하는 행위는 지극히 개인적인 행위다. 이용자 각자의 개인적인 행동을 도서관이 일일이 감시하거나 점검할 수도 없는 노릇이다.

웹사이트를 개설하는 행위는 독립적인 개인의 행위에 해당되는 것이기 때문에, 이는 전적으로 그 행위를 행한 사람의 책임이다. 복제나 저작권 침해가 기계에 의해 이루어졌다고 하더라도 그 기계에 책임을 물을 수는 없는 것이다. 도서관이 운영하는 서버나 관련 사이트에서 저작권 침해가 일어나지 않았다면 이런 경우 도서관이 법적으로 부담할 책임은 없다.

도서관의 웹마스터가 도서관 홈페이지 이용자에 의한 저작권 침해 사실을 모르고 있었어도, 저작권 침해에 대한 책임을 도서관이 부담해야 하는가?

답　　　그렇지 않다.

도서관은 「저작권법」 제2조 제30호 나목이 정의하는 "이용자들이 정보통신망에 접속하거나 정보통신망을 통하여 저작물등을 복제·전송할 수 있도록 서비스를 제공하거나 그를 위한 설비를 제공 또는 운영하는 자"에 해당되어 온라인서비스 제공자로서의 지위를 얻을 수 있다. 도서관의 서비스는 그중에서도 "복제·전송자의 요청에 따라 저작물등을 온라인서비스 제공자의 컴퓨터에 저장하는 행위"에 해당되어, 「저작권법」 제102조 제1항 제3호의 규정에 따라 책임의 제한 여부가 결정된다. 저장서비스를 위주로 하는 온라인서비스 제공자의 책임제한을 인정받으려면 다음의 요건을 모두 충족해야 한다. ① 온라인서비스 제공자가 저작물 송신을 시작하지 않은 경우, ② 저작물이나 그 수신자를 선택하지 않은 경우, ③ 「저작권법」에 따라 보호되는 권리를 반복 침해하는 자의 계정을 해지하는 방침 채택하고 이를 합리적으로 이행한 경우, ④ 권리자가 이용한 저작물 식별 및 보호를 위한 표준적 기술 조치를 수용하고 방해하지 않은 경우, ⑤ 침해 행위로부터 직접 금전적 이익을 얻지 않을 경우, ⑥ 침해의 사실을 알게 되거나 그 정황을 알게 된 때 그 저작물의 복제·전송을 중단시킨 경우, ⑦ 복제·전송 중단이나 재개에 대한 요구를 받을 자를 지정해 공지한 경우다.

따라서 이런 요건을 모두 충족한 경우에 해당이 된다면, 웹마스터가 저작권 침해와 관련되는 사항을 모르고 있었기 때문에, 저작권 침해에 관한 책임으로부터 자유로울 수 있다. 그렇지만 온라인서비스 제공자로서 도서관이 이용자의 침해와 관련해 고의나 과실이 있는 경우(침해를 방지해야 할 주의 의무를 소홀히 했을 경우)에는 책임을 부담할 수 있기 때문에 도서관은 선량한 관리자의 주의의무를 다해야 한다.

15

기록물의 이용과 저작권

질문 **195** 필사본과 미간행 원고를 디지털화해 제공할 경우

도서관 특수 장서 중에 사망한 유명인의 편지가 있어 이를 도서관 웹사이트에 스캔해 올려놓고자 하는데, 가능한가? 또한 미간행 원고를 디지털화해 이용자에게 서비스할 수 있는가?

답   경우에 따라 다르다.

먼저 편지가 저작권이 보호되는 저작물에 해당하는지를 살펴봐야 한다. 편지의 필자가 1962년이나 그 이전에 사망했다면, 이미 저작권이 소멸된 것이기 때문에 공유저작물에 해당이 되어 어떤 방식으로든 자유롭게 이용할 수 있다. 이런 경우에 해당이 된다면 편지를 디지털 파일로 만들어서 도서

관 웹사이트에 게재해도 무방하다. 그러나 편지의 필자가 1963년 이후에 사망한 경우라면 저작자 사후 70년까지 저작권의 보호가 이루어지기 때문에 일정한 요건을 갖춘 경우를 제외하고는 저작권자의 허락을 받아 저작물을 이용해야 한다. 열람에 대해 특별한 단서 조항 없이 이 편지의 저작자인 유명인이 도서관에 자신의 편지를 기증한 경우라면 「저작권법」 제11조 제5항에 의해 공표에 동의한 것으로 추정하게 된다. 따라서 이런 경우에 편지를 대중에게 공개하거나 열람하도록 제공하는 것은 가능하다.

한편 「저작권법」 제31조 제2항부터 제7항의 규정에 따라 도서관은 소장자료를 디지털화할 수 있으며, 도서관 관내와 다른 도서관의 관내에서 이용할 수 있도록 제공할 수 있다. 그렇지만 이 경우 법률이 제시하는 까다로운 조건, 즉 자기 도서관 내에서의 전송일 경우 동시 사용자 수 제한, 다른 도서관으로의 전송일 경우 보상금 지급 및 산정장치, 복제방지장치, 접근제한장치 등의 의무화를 모두 충족해야만 한다.

질문 196 미간행 원고를 요약해 디지털화할 경우

미간행 원고를 요약해 디지털화한 뒤 이용자에게 홈페이지를 통해 서비스할 수 있나?

답   모호한 부분이 있다.
미간행 원고를 요약해 디지털화하기 위해서는 미간행 원고의 저작권 문제를 먼저 살펴야만 한다. 저작자가 직접 미간행 원고를 도서관에 기증한 경우로서 기증 당시에 특별한 의사 표시가 없었다면 「저작권법」 제11조

제5항의 규정에 따라 기증이 이루어진 시점에 공표에 동의한 것이라고 추정할 수 있다. 이 경우에는 도서관 자료로서 열람하는 방식으로 이용자들에게 저작물을 공개할 수 있다. 또한 원고를 요약한다는 것은 초록을 작성하는 행위라고 볼 수 있다.

　사서가 초록을 직접 작성할 경우에는 저작자의 원래 의도와 어긋나지 않도록 해야 한다. 그렇지 않으면 저자의 동일성유지권을 침해하게 된다. 즉, 초록은 저작권이 미치는 영역이므로, DB 구축 시 권리자의 허락을 받는 것이 원칙이다. 그러나 초록은 저작물을 본격적으로 읽기 전에 저작물의 내용을 간략히 소개하려는 성격을 지니므로, 이를 공개하는 것이 저작물의 이용이나 판매에 도움을 줄 수도 있다. 이런 경우까지 저작권으로 제한하게 되면 저작자의 경제적 이익에 도움을 주지 못하면서 저작물 이용자의 불편을 초래하므로 불합리한 측면이 있다.

　질문의 상황은 「저작권법」 제35조의3 공정이용에 부합하는 조건에 따라 해석할 수도 있다. 즉, 초록은 저작물의 이용을 독려하기 위한 것이고, 저작물의 잠재적 시장이나 저작권자의 경제적 이익을 침해하지 않으므로 공정이용에 해당할 수 있다. 그러나 공정이용 여부는 법원의 판단에 의해 결정되는 것이므로, 질문과 같은 경우가 반드시 공정이용에 해당된다고 단언할 수는 없다.

질문 **197** | **필사본의 저작권자**

도서관이 소장하고 있는 오래된 필사본 같은 경우에 저작권은 누구한테 귀속되는 것인가? 도서관인가?

답   아니다.

소유권과 저작권은 서로 구별되는 것으로, 저작물의 소유와 저작권의 보유는 서로 무관한 사항이다. 도서관이 필사본을 소장하고 있다고 해서, 도서관이 저작권자가 되는 것은 아니다. 이 경우에는 필사본의 저작자를 확인하고, 저작자의 사망 여부와 사망 시기를 확인하는 작업을 선행할 필요가 있다. 저작자의 사망 시점에 따라 저작권이 소멸이 되었을 수도 있고, 저작권이 존속하는 경우도 있기 때문이다.

저작권은 소유권과는 달리 그 보호 기간이 정해져 있다는 것이 특징이다. 우리 「저작권법」은 2013년 7월 1일부터 저작자의 생존 기간과 더불어 사후 70년까지를 저작권 보호 기간으로 정하고 있다. 그렇지만 존속 기간을 연장하는 법률이 개정되어 발표되기 이전(2013년 7월 1일 이전)에 저작권이 소멸된 저작물의 경우에는 저작자 사후 70년이 도래하지 않았다고 하더라도 그 권리는 이미 소멸된 것이다. 즉, 1962년 5월 1일에 저작자가 사망했다면 그 저작물의 보호 기간은 다음 해인 1963년 1월 1일부터 기산해 50년이 경과하는 2012년 12월 31일에 만료되므로 신법이 적용되지 못한다. 따라서 1962년이나 그 이전에 저작자가 사망한 경우에는 이미 저작권이 소멸된 것이기 때문에 누구라도 해당 저작물을 자유롭게 이용할 수 있다. 도서관이 소장하고 있는 오래된 필사본의 저작자가 1962년 및 그 이전에 사망한 경우라면 저작권 자체가 소멸된 것이다.

한편 1963년 이후에 사망한 경우에는 저작자 사망 70년이 경과되는 시점까지 저작권은 유효하다. 저작권은 경제적인 거래의 대상으로 제공될 수 있기 때문에 타인에게 양도되는 경우도 있을 수 있다. 따라서 해당 저작물의 저작권자를 확인할 때는 저작자가 자신의 저작권을 타인에게 양도했는지도 함께 확인해야 한다.

학교도서관에서 수집한, 학생이 그린 그림, 글씨, 작문에도 저작권이 있는가?

답　　그렇다.

저작권은 인간의 사상이나 감정을 표현한 창작물에 부여되는 독점적이고 배타적인 권리다. 여기에서 이야기하는 창작성은 다른 사람이 만든 것을 베끼지 않고 직접 만들어낸 것이라는 정도의 의미로, 그리 높은 수준을 요구하는 것이 아니다. 학생들이 습작으로 그린 그림이나 작문이라고 하더라도 다른 사람의 것을 베낀 것이 아니라 스스로의 생각과 느낌을 표현한 것이라면 「저작권법」이 규정하는 창작성을 갖추고 있는 것이다.

따라서 학생이 그린 그림이나 작문이라고 하더라도 인간의 사상과 감정을 고유한 방법으로 표현하고 있는 경우라고 한다면 모두 저작권 보호의 대상이다. 다만 일반적인 의사표현을 위해 작성된 글씨와 글씨체(서체, 글꼴)의 경우에는 저작권 보호의 대상이 되지 않는다는 것이 우리 법원의 태도다. 서예나 글로 예술적인 표현을 하는 경우에 한해 제한적으로 저작권 보호의 대상이 될 수 있다.

공공도서관이 지역사회의 각 단체로부터 수집한 기록물을 디지털화해 인터넷에 공개할 수 있는가?

답   기록물마다 다르다.

도서관은 「저작권법」 제31조의 규정에 따라 소장자료를 디지털화할 수 있지만, 그것을 인터넷을 통해 공개하는 것은 더욱 까다로운 요건을 충족해야만 한다. 이 경우 가장 우선적으로 고려해야 할 것은 수집한 기록물의 저작권 해당 여부다. 저작물에 해당하지 않는다면, 「저작권법」과 관련된 사항의 적용을 받지 않기 때문에 해당 자료를 디지털화해 인터넷상에 제공하는 데 문제가 없다. 저작물에 해당한다고 하더라도 이미 저작권이 소멸되었다면 저작물을 인터넷상에 공개하는 데 아무 문제가 없다. 그렇지만 저작권이 소멸되지 않은 저작물에 해당이 된다면, 저작권자로부터 허락을 받아야만 인터넷상에 자유롭게 공개할 수 있다.

그렇지 않은 경우에는 「저작권법」 제31조 제2항 및 제3항의 규정에 따라 도서관 관내 또는 도서관 상호 간 전송을 통해 제한적으로 공개하고 활용할 수 있다. 지역사회의 각 단체로부터 기록물을 수집하는 단계에서 저작권 문제에 관한 사항도 함께 처리하는 것이 바람직하다.

질문 200 기록관과 도서관의 「저작권법」 적용에서의 차이

기록관과 도서관은 「저작권법」에서 서로 다르게 취급되는가?

답   그렇지 않다. 동일하게 취급한다.

「저작권법」 제31조는 그 적용범위를 "「도서관법」에 따른 도서관과 도서·문서·기록 그 밖의 자료(이하 "도서등"이라 한다)를 공중의 이용에 제공하는 시설 중 대통령령이 정하는 시설"로 적시하고 있다. 여기서 대통령령이 정하는 시설이란 "국가, 지방자치단체, 영리를 목적으로 하지 아니하는 법인 또는 단체가 도서·문서·기록과 그 밖의 자료(이하 "도서등"이라 한다)를 보존·대출하거나 그 밖에 공중의 이용에 제공하기 위하여 설치한 시설"(저작권법 시행령 제12조 제2항)을 말한다. 기록관은 문서나 기록 등을 공중의 이용에 제공하는 시설에 해당하기 때문에 「저작권법」제31조가 적용되는 영역이다. 좀 더 구체적으로 살펴보면 국가나 지방자치단체, 비영리기관이 운영하는 기록관의 경우에는 「저작권법 시행령」제12조 제2항의 규정에 따라 「저작권법」제31조가 적용되어 도서관과 동일하게 취급이 된다. 그렇지만 기업체와 같은 영리기관이 기업의 홍보나 역사 보존을 위해 운영하는 기록관의 경우에는 「저작권법」제31조가 적용되지 않는다.

질문 201   기록관에 소장된 정부 및 지방자치단체 기록의 디지털화와 전송

기록관이 보유한 정부나 지방자치단체의 기록물을 디지털화해 인터넷에 공개하는 것은 저작권에 저촉되지 않는가?

답   기록물에 따라 다르다.
기록관이 보유하고 있는 정부나 지방자치단체가 생산한 문서나 그 밖의 기록물을 디지털화해 인터넷상에 제공하는 행위가 「저작권법」에 저촉되는지를 따지기 위해서는 먼저 해당 기록물이 저작물에 해당하는지를 살펴야 한다. 인간의 사상이나 감정을 표현하는 독창성을 지닌 기록물이라면 저작물에 해당이 되고, 「저작권법」에 적용을 받게 된다. 「저작권법」제24조의2는 국가나 지방자치단체가 업무상 작성해 공표한 저작물이나 계약에 따라 저작재산권 전부를 보유한 저작물을 자유롭게 이용할 수 있도록 규정하고 있기 때문에, 해당 기록물이 저작물이라 하더라도 디지털화해 인터넷에 제공하는 데 특별한 제약이 없다. 다만 국가안전보장에 관련되는 정보를 포함하는 경우나 개인의 사생활 또는 사업상 비밀에 해당하는 정보가 포함되어 있거나 다른 법률에 따라 공개가 제한되는 정보를 포함한 경우에는 해당 저작물을 디지털화해 인터넷에 제공할 수 없다. 또한 국가나 지방자치단체가 업무상 작성한 것이 아니라 외부에 의뢰해 작성한 기록물 중계약에 따라 저작재산권 전부를 보유하지 못한 경우에 기록관이 이를 인터넷에 서비스하려면 저작권 소유자로부터 허락을 받아야 한다.

질문 202 미공표기록물의 열람 제공

우리 기록관에서 그동안 수집한 기록물 대부분은 출판이나 공식적인 경로를 통해 발표된 적이 없는 것들이다. 이런 기록물을 다른 사람들이 열람할 수 있도록 제공해도 무방한가?

답   경우에 따라 다르다.

저작자가 별도의 의사 표시 없이 기록관에 제공한 기록물은 열람에 제공해도 무방하다. 도서관이나 기록관 등을 통해 저작물을 열람할 수 있도록 제공하는 행위도 저작물을 다른 사람들에게 공표하는 행위의 일종으로 볼 수 있다. 도서관이나 기록관에 소장자료로 등록되어 목록을 통해 그 내역을 확인하고 사람들이 언제든 열람할 수 있다면, 저작물이 다른 사람에게 공개되어 발표된 것과 동일한 효과가 있다고 볼 수 있기 때문이다. 「저작

권법」제11조 제5항 "공표하지 아니한 저작물을 저작자가 제31조의 도서
관등에 기증한 경우 별도의 의사를 표시하지 않는 한 기증한 때에 공표에
동의한 것으로 추정한다"는 이런 경우를 염두에 둔 것이다. 그렇지만 이것
은 단지 추정에 불과한 것이기 때문에, 저작물을 다른 사람이 열람하는 것
을 반대하는 의사가 표현된 다른 증거가 발견되는 경우에는 열람에 제공
할 수 없다.

한편 저작자가 아닌 다른 사람에 의해 기록관에 기증된 미공표저작물
의 경우에는 저작자의 공표권이 여전히 유효하기 때문에 저작자가 사망하
거나 저작자가 해당 저작물을 공표할 때까지는 열람에 제공할 수 없다고
봐야 한다.

질문 203 | 기록관에서 미공표저작물의 디지털화와 인터넷 전송

기록관에서 수집한 미공표저작물을 디지털화해 인터넷을 통해 제공하려
고 한다. 가능한가?

답   일반적으로 저작권자로부터 허락을 받아야 한다.
저작자가 특별한 의사 표시 없이 기록관에 제공한 저작물은 「저작권법」
제11조 제5항의 규정에 따라 공표에 동의한 것으로 추정한다. 그렇지만
공표에 관한 허락이 저작물의 디지털화와 인터넷 제공에 대한 동의라고
보기는 어렵다. 기록관도 「저작권법」제31조의 적용을 받는 주체에 해당
하기 때문에, 소장자료를 디지털화하는 것은 저작권자의 허락 없이도 가
능하다. 그러나 그것을 도서관 등의 범위를 벗어나 인터넷을 통해 제공하

기 위해서는 저작권자의 허락이 필요하다. 「저작권법」 제24조의2의 규정에 따르는 국가나 지방자치단체가 저작권자인 저작물은 인터넷을 통해 자유롭게 제공할 수 있지만, 이 경우에 해당하지 않는 일반적인 저작물의 경우에는 기록관 관내 또는 협약을 맺은 기록관이나 도서관을 통해 제한적으로 제공할 수 있다.

질문 **204**   **기록관의 사진자료 디지털화를 위한 이용허락**

기록관이 수집한 기록물 중 상당수가 사진자료에 해당한다. 사진자료를 디지털화해 서비스하려고 하는데, 누구의 허락을 받아야 하는가?

답   **저작권자로부터 허락을 받아야 한다.**

사진이 저작물이라면 저작권자의 동의를 얻어야 하고, 인물사진의 경우에는 해당 인물의 초상 사용에 대한 부분을 고려해야 한다. 기록관이 소장하고 있는 사진자료를 디지털화해 인터넷상에 제공하기 위해서는, 먼저 해당 사진이 저작물에 해당하는지 살펴봐야 한다. 사진자료가 저작물로 인정이 되기 위해서는 인간의 사상이나 감정을 표현하고 있어야 하고, 사진 저작자의 독창성이 표현되어 있어야 하기 때문에 모든 사진자료가 저작물에 해당하는 것은 아니다. 사진은 피사체를 사진기라는 기계를 활용해 모사하는 것이기 때문에 "피사체의 선정, 구도의 설정, 빛의 방향과 양의 조절, 카메라 각도의 설정, 셔터의 속도, 셔터찬스의 포착, 기타 촬영방법, 현상 및 인화 등의 과정에서 촬영자의 개성과 창조성이 인정"되어야만 저작물로 인정이 될 수 있다(대법원 2010.12.23, 선고 2008다44542 판결). 기계적으로 촬영된 증명사진이나 일반적인 상품사진 등은 저작물로 인정되지 않는 경우가 많다. 우리나라 법원에서는 사진의 저작물성에 대해 비교적 까다로운 요건을 제시하고 있다. 따라서 사진의 저작물 해당 여부를 판단해보고, 저작물에 해당될 경우에는 저작권자의 허락을 받은 후 이용해야 한다.

인물사진의 경우에는 저작권과는 별도로, 피사체로 등장하고 있는 사람의 초상권과 관련한 문제도 함께 살펴보아야 한다. 특히 등장인물의 개인적이고 내밀한 사생활과 관련된 부분을 포함하고 있을 경우에는 해당 인물의 동의를 받아야 하는 것이 원칙이다. 유명 인사나 공적인 인물이 사회적인 활동이나 공식적인 활동을 하는 과정에서 촬영된 사진의 경우에는 해당 인물의 동의 없이 사진을 활용해도 무방하다.

질문 205 저작권자를 찾을 수 없는 기록물의 디지털화

기록관에 소장된 기록물을 디지털화해 인터넷상에 제공하려고 한다. 그런데 해당 저작물의 저작권자를 파악할 수도 없고, 파악이 된다고 하더라도 그 연락처를 확보해 허락을 얻는 것이 현실적으로 불가능하다. 이런 경우라면 디지털화와 인터넷서비스를 포기해야 하는 것인가?

답   그렇지 않다.

「저작권법」제50조의 절차에 따라 법정허락제도를 이용할 수 있다. 「저작권법」제50조는 저작재산권자 불명인 저작물을 이용하기 위한 절차를 규정하고 있다. 「저작권법 시행령」제18조는 이 규정을 적용하기 위해 저작물 이용자가 수행해야 할 상당한 노력을 규정한다. 이 규정에 따라 상당한 노력을 기울였음에도, 저작재산권자 혹은 그의 거소를 파악할 수 없어 저작물의 이용허락을 받을 수 없는 경우에는 문화체육관광부 장관의 승인을 얻은 후 「저작권법 시행령」 제23조에 따라 보상금을 공탁하고, 승인 대상이 되는 저작물 1건당 수수료와 해당 저작물 이용에 대한 비용을 지불한 후에 저작물을 이용할 수 있다.

이렇게라도 저작물을 이용하고자 하는 도서관은 「저작권법」 제50조 제2항의 규정에 따라 이용하려는 본뜻과 승인 연월일을 표시해야 한다.

질문 206 이용자의 요청에 따라 기록물 전체를 복제하는 경우

기록관에 소장된 기록물을 활용하려는 이용자가 기록물 전체를 복사해달라고 요청해왔다. 기록물 전체를 복제해 제공해도 되는가?

답   기록물 종류에 따라 다르다.
원칙적으로 저작물의 일부분을 1인 1부에 한해 아날로그 형태로 제공할 수 있다. 기록관도 도서관과 마찬가지로 「저작권법」 제31조가 적용되기 때문에 이용자 서비스에 관련된 사항은 모두 도서관과 동일하게 적용된다. 「저작권법」 제31조가 도서관에 허용하는 것은 이용자의 요청에 따라 도서 등 일부분을 1인 1부에 한해 아날로그 형태로 제공하는 것이다. 따라서 기록관도 도서 등의 일부분을 1인 1부에 한해 아날로그 형태로 이용자에게 제공하는 것은 저작권자의 허락 없이도 진행할 수 있다. 그렇지만 국가나 지방자치단체가 저작자이거나 계약에 의해 저작재산권 전체를 보유하고 있는 기록물이거나 이미 저작권이 만료된 저작물의 경우, 그리고 저작권자에게 저작물 전체 제공에 대한 허락을 얻은 경우에는 기록물 전체를 복제해 제공할 수 있다.

질문 207 | 이용자에게 기록물 디지털 파일을 제공하는 경우

기록관에 소장된 기록물을 활용하려는 이용자가 디지털 파일로 해당 자료를 제공받을 수 있는지 문의해왔다. 기록관에서 해당 기록물을 디지털 형태로 이용자에게 제공해도 무방한가?

답   **기록물 종류에 따라 다르다.**

원칙적으로 이용자에게 제공하는 복제물은 아날로그 형태를 유지해야만 한다. 기록관도 도서관과 마찬가지로 「저작권법」 제31조가 적용되기 때문에 이용자 서비스에 관련된 사항은 도서관과 모두 동일하다. 「저작권법」 제31조가 도서관에 허용하는 것은 이용자의 요청에 따라 보관된 도서 등의 일부분을 1인 1부에 한해 아날로그 형태로 제공하는 것이다. 따라서 기록관도 저작물의 일부분을 1인 1부에 한해 아날로그 형태로 이용자에게 제공할 수 있다. 그렇지만 국가나 지방자치단체가 저작자이거나 계약에 의해 저작재산권 전체를 보유하고 있는 기록물이거나 이미 저작권이 만료된 저작물의 경우, 그리고 저작권자에게 저작물 전체 제공에 대한 허락을 얻은 경우에는 디지털 형태로 저작물을 제공해도 무방하다. 국가나 지방자치단체의 공공기록을 보유하고 있는 기록관의 경우에는 「저작권법」 제24조의2 '공공저작물 자유이용' 규정에 따라 저작물을 디지털 형태로 제공해도 무방하다. 국가나 지방자치단체의 기록물이 아닌 민간의 수집기록물의 경우에는 대체로 도서관과 마찬가지로 아날로그 형태의 복제물만을 제공해야 할 것이다.

질문 208 기록관에 수집된 음향자료의 디지털화와 인터넷 공개

기록관이 수집한 기록물 중 상당수는 음향자료다. 음향자료를 디지털화해 인터넷상에 제공해도 되는가?

답　경우에 따라 다르다.

「저작권법」제31조의 적용 대상이 되는 기록관이라면 디지털화는 저작권자의 허락 없이도 가능하다. 그러나 이를 인터넷상에 제공하기 위해서는 음향자료의 저작재산권자로부터 허락을 받아야 한다. 저작권자의 허락을 구하기 전에 먼저 해당 자료가 저작물에 해당하는지를 살펴볼 필요가 있다. 인간의 사상과 감정을 창작적으로 표현한 것에 해당하지 않는 단순한 음향자료의 경우, 예컨대 빗소리, 벌레 소리 등과 같은 음향자료의 경우에는 저작물에 해당하지 않기 때문에 자유롭게 이용할 수 있다. 어문저작물에 해당하는 강의 등을 수록한 음향자료의 경우에는 해당 프로그램의 강사가 저작자에 해당한다. 음악을 포함하고 있는 경우에는 해당 곡의 작곡가가 저작자이고, 작사를 포함하고 있는 경우라면 작사가도 저작자에 해당한다. 이 경우 작곡가와 작사가에게 개별적으로 저작물 이용허락을 받아야 한다. 따라서 강사나 작곡가, 작사가의 저작재산권이 누구에게 있는지를 확인하고, 저작재산권자로부터 이용허락을 받아야 인터넷을 통해 저작물을 제공할 수 있다.

기록관에서 보유하고 있는 영상자료 중 다큐멘터리나 기록영화와 같은 저작물의 디지털화와 인터넷 제공이 가능한가?

답　경우에 따라 다르다.

「저작권법」제31조의 적용대상이 되는 기록관이라면 디지털화하는 저작권자의 허락이 없이도 가능하지만, 이를 인터넷상에 제공하기 위해서는 적절한 권리 처리가 필요하다.

영상저작물의 경우에는 「저작권법」제100조에서 "영상제작자와 영상저작물의 제작에 협력할 것을 약정한 자가 그 영상저작물에 대하여 저작권을 취득한 경우 특약이 없는 한 그 영상저작물의 이용을 위하여 필요한 권리는 영상제작자가 이를 양도 받은 것으로 추정"하기 때문에 별도의 계약 조항이나 특약이 발견되지 않는 경우라면 영상제작자가 저작자로서의 모든 지위를 갖는다. 영상제작자란 "영상저작물의 제작에 있어 그 전체를 기획하고 책임을 지는 자"(「저작권법」제2조 제14호)를 지칭하는 것이다. 따라서 영상저작물로 인정이 되는 다큐멘터리나 기록영화의 경우에는 해당 영상의 제작자가 누구인지를 확인하고, 그 제작자에게 허락을 받아 이용할 수 있다. 국가나 지방자치단체가 영상제작자인 경우라면 「저작권법」제24조의2의 규정에 따라 공공저작물에 해당되므로, 국가안보나 개인정보에 해당하는 사항이 아닌 경우라면 자유롭게 이용할 수 있다.

기록관이 보유하고 있는 영상자료 가운데 공연 실황을 담고 있는 기록물을 디지털화하여 인터넷에 공개할 수 있는가?

답　　**저작권자로부터 허락을 받아야 한다.**
「저작권법」 제31조의 적용대상이 되는 기록관이라면 저작권자의 허락이 없이도 디지털화가 가능하지만, 이를 인터넷상에 제공하기 위해서는 적절한 권리 처리가 필요하다.

다큐멘터리나 기록영화가 영상저작물에 해당되는 것과는 달리 공연 실황을 영상으로 제작한 기록물의 경우는 영상으로 제작되었다고 하더라도, 공연을 순차적이고, 기계적으로 재생한다면 연극저작물에 해당이 된다. 해당 영상이 영상저작물에 해당하는지 연극저작물에 해당하는지는 영상 그 자체의 창작성을 기준으로 판단해야 한다. 영상저작물에 해당된다면, 「저작권법」 제100조가 규정하는 영상저작물 특례가 적용되어 영상제작자에게 허락받은 후 저작물을 이용할 수 있지만, 영상저작물이 아니라 연극저작물에 해당이 되는 경우라면 해당 공연에 사용된 여러 가지 저작물의 저작권자에게 개별적으로 모두 허락을 받아야 하며, 저작인접권에 대한 허락도 받아야 하기 때문에 권리 처리 절차가 무척 복잡해진다. 저작인접권은 출연자 모두에게 허락을 받을 필요는 없고, 출연자를 대표하는 사람이나 연출자 등에게 받으면 된다.

질문 **211** 기록관 소장 기록물의 전시

기록관에 소장된 기록물을 활용해 전시를 기획하려 한다. 저작권에 관한 별도의 처리 없이 전시를 진행할 수 있을까?

답　　**가능하다.**
전시권은 미술저작물, 사진저작물, 건축저작물에만 적용되는 권리이기 때문에, 어문저작물의 전시는 저작권자의 허락이 필요한 사항은 아니다. 미술저작물, 사진저작물, 건축저작물에 해당하는 경우에는 「저작권법」 제35조에 따라 저작자의 허락 없이도 저작물을 전시에 활용할 수 있다. 다만 가로·공원·건축물의 외벽 그 밖의 공중에게 개방된 장소에 항시 전시하는 경우라면 저작자에게 허락을 받아야만 한다.

질문 **212** 정부나 지방자치단체 발행 저작물의 디지털화와 인터넷 전송

정부나 지방자치단체가 발간한 저작물인 경우 도서관이 자유롭게 디지털화해 인터넷상에서 서비스할 수 있는가?

답　　**경우에 따라 다르다.**
「저작권법」 제7조 '보호받지 못하는 저작물'에 따르면 "1. 헌법·법률·조약·명령·조례 및 규칙, 2. 국가 또는 지방자치단체의 고시·공고·훈령 그 밖에 이와 유사한 것, 3. 법원의 판결·결정·명령 및 심판이나 행정심판절

차 그 밖에 이와 유사한 절차에 의한 의결·결정 등"은 「저작권법」에 의해 보호받지 못한다. 또한 국가 또는 지방자치단체가 작성한 것으로서 이 세 유형에 해당되는 편집물이나 번역물 또한 「저작권법」에 의해 보호받지 못한다.

따라서 질문과 같은 상황에서 해당 저작물이 앞의 세 가지 유형 또는 그것의 편집물이나 번역물인 경우 「저작권법」의 보호를 받지 못하므로, 도서관뿐만이 아니라 누구라도 자유롭게 이용할 수 있다. 그런데 정부나 지방자치단체가 발간한 저작물 중에는 앞의 세 가지 유형 외에도 다양한 저작물이 있다. 예컨대 정부나 지방자치단체가 발간한 연감이나 보고서, 정기간행물 등이 이에 해당한다. 이런 유형의 저작물은 「저작권법」 제24조의2 '공공저작물의 자유이용' 규정을 적용해볼 필요가 있다. 이에 따르면 국가 또는 지방자치단체가 업무상 작성해 공표한 저작물이나 계약에 따라 저작재산권의 전부를 보유한 저작물은 허락 없이 이용할 수 있다. 단, 국가안보와 관련된 정보나 사생활이나 사업상 비밀에 해당하는 정보가 포함되어 있는 저작물인 경우에는 예외다. 즉, 「저작권법」 제7조에서 정하는 보호받지 못하는 저작물에 포함되지 않는 것으로 국가나 지방자치단체가 업무상 작성해 공표된 저작물로 국가안보나 사생활 정보 등이 포함되어 있지 않다면 권리자의 허락 없이 사용할 수 있다. 또한 설령 국가나 지방자치단체가 업무상 직접 작성한 것은 아니지만, 그 저작물의 재산권자와 계약을 통해 저작재산권 전부를 보유한 저작물이라면 자유롭게 이용할 수 있다.

따라서 질문과 같은 상황에서 사용하고자 하는 저작물이 첫째, 「저작권법」 제7조에 따라 보호받지 못하는 저작물인지, 둘째, 「저작권법」 제24조의2에 따라 '공공저작물 자유이용' 규정이 적용되는 저작물인지를 살펴보아야 한다. 만일 이 두 규정에 적용되지 않는 경우라면 「저작권법」 제31조 제2항과 제3항에 따라 디지털화하되 도서관 내와 도서관 상호 간 전송만 가능하며,

출력이나 도서관 상호 간 전송에 대해서는 보상금을 지불해야 한다.

질문 213 공공기관 발간 저작물의 디지털화와 인터넷 전송

공공기관이 발간한 저작물은 도서관이 자유롭게 디지털화해 인터넷상에서 서비스할 수 있는가?

답   경우에 따라 다르다.

공공기관이 발간했다는 이유만으로 도서관이 자유롭게 이용할 수 있는 것은 아니다. 저작권자로부터 허락을 얻지 않고 자유롭게 이용할 수 있는 공공저작물은 국가나 지방자치단체가 업무상 작성해 공표한 저작물이거나 계약에 의해 저작재산권 전부를 보유한 저작물에 한정된다(「저작권법」 제24조의2 제1항). 공공기관이 업무상 작성해 공표한 저작물은 자유롭게 이용할 수 있는 공공저작물이 아니다. 다만 국가는 공공기관이 업무상 작성해 공표한 저작물이나, 계약에 따라 저작재산권의 전부를 보유한 저작물이 자유롭게 이용될 수 있도록 노력할 수는 있다(「저작권법」 제24조의2 제2항). 여기서 공공기관이라 함은 '공공기관의 운영에 관한 법률' 제4조에 따른 공공기관으로 정부출연기관 등을 말한다. 이런 기관이 저작재산권을 보유한 저작물 중 공공누리 라이선스가 적용된 경우라면 자유롭게 이용할 수 있으므로, 도서관 역시 디지털화해 인터넷상에서 서비스할 수 있다. 그렇지 않은 경우라면 「저작권법」 제31조의 범위 내에서 이용할 수 있을 뿐이다.

공공누리 라이선스가 적용된 저작물은 도서관이 마음대로 사용할 수 있는 가?

답   라이선스에서 허용하는 범위 내에서 사용할 수 있다.

'공공누리(KOGL: Korea Open Government License)'란 "자유이용이 가능한 공공저작물임을 나타내기 위하여 문화체육관광부장관이 정하여 공고한 표시 기준"['공공저작물 저작권 관리 및 이용 지침'(시행 2015.12.28) 제3조의4]이다. 공

공공누리 라이선스

유형 및 심벌마크	이용허락의 범위
제1유형: 출처 표시 OPEN 공공누리 공공저작물 자유이용허락 출처표시	이용자가 공공저작물을 상업적 목적 또는 비상업적 목적으로 이용할 수 있으며, 2차적 저작물 작성 등 변형해 이용할 수 있다.
제2유형: 제1유형+상업적 이용 금지 OPEN 공공누리 공공저작물 자유이용허락 출처표시 상업용금지	이용자가 공공저작물을 무료로 자유롭게 이용하고 2차적 저작물 작성 등 변형하여 이용할 수 있으나, 상업적 목적으로 이용하는 것은 금지된다.
제3유형: 제1유형+변경 금지 OPEN 공공누리 공공저작물 자유이용허락 출처표시 변경금지	이용자가 공공저작물을 상업적 활용 여부에 관계없이 무료로 자유롭게 이용할 수 있으나, 공공저작물의 내용을 변형 또는 변경할 수 없다.
제4유형: 제1유형+상업적 이용 금지+변경 금지 OPEN 공공누리 공공저작물 자유이용허락 출처표시 상업용금지 변경금지	이용자가 공공저작물은 무료로 자유롭게 이용할 수 있으나, 상업적 목적으로 이용하거나 2차적 저작물 작성 등 변형하여 이용하는 것은 금지된다.

공기관은 공표한 공공저작물이 자유이용 대상인지를 표시하기 위해 공공누리를 적용해야 한다. 일반적인 저작물의 자유이용을 위해 CCL을 적용하는 것과 유사하다. 공공누리 라이선스는 표와 같이 네 가지 유형이 있다. 상업적 이용의 허용 여부와 번역·편곡 등 2차적 저작물 작성의 허용여부에 따라 유형이 구분된다. 출처만 표시하면 상업적 목적으로도 이용할 수 있고, 2차적 저작물을 작성할 수도 있는 제1유형은 이용허락 범위가 가장 넓다. 그에 비해 제4유형은 상업적 목적으로 이용하거나 2차적 저작물 작성을 허용하지 않으므로 허락 범위가 가장 좁다.

따라서 질문과 같은 상황에서 해당 저작물에 어떤 유형의 공공누리 라이선스가 적용되었는지에 따라 도서관이 이용할 수 있는 범위는 달라진다.

찾아보기

지은이

●

정경희

한성대학교 크리에이티브인문예술대학 도서관정보문화트랙과 디지털인문정보학트랙 교수이
다. 지식정보의 공유와 관련한 연구와 활동에 힘을 쏟고 있다. 특히 도서관 소장 자원의 이용 확
산을 위한 저작권 문제 해결과 학술논문의 오픈액세스를 위한 제도 및 문화 개선에 관심을 기울
이고 있다.

이호신

한성대학교 크리에이티브인문예술대학 도서관정보문화트랙과 디지털인문정보학트랙 조교수
이다. 한국문화예술위원회에서 예술 자료의 수집과 보존에 관한 업무를 수행했다. 이때의 경험
을 바탕으로 도서관의 저작권 문제, 예술 기록과 구술 기록의 체계적인 수집과 관리에도 관심을
쏟고 있다.

한울아카데미 2095

사례로 보는 도서관 저작권

ⓒ 정경희 · 이호신, 2018

지은이 | 정경희 · 이호신
펴낸이 | 김종수
펴낸곳 | 한울엠플러스(주)
편　집 | 최진희

초판 1쇄 인쇄 | 2018년 10월 10일
초판 1쇄 발행 | 2018년 10월 19일

주소 | 10881 경기도 파주시 광인사길 153 한울시소빌딩 3층
전화 | 031-955-0655
팩스 | 031-955-0656
홈페이지 | www.hanulmplus.kr
등록 | 제406-2015-000143호

Printed in Korea.
ISBN 978-89-460-7095-0 93360

* 책값은 겉표지에 표시되어 있습니다.